Kai-Uwe Wegner

TURBORIS

Kai-Uwe Wegner

TURBORIS

©2018 Kai-Uwe Wegner

Verlag: tredition GmbH, Halenreie 40-44
22359 Hamburg

978-3-7482-4630-5 (Paperback)
978-3-7482-4631-2 (Hardcover)
978-3-7482-4632-9 (e-Book)

Vorwort

Der Mensch des Abendlandes ist krank. Woran ist er erkrankt? Er hat sein Ziel, sein Wohin, seinen Lebenssinn verloren und wird von unheilvollen Kräften hin- und hergerissen. Seit nunmehr über einem Jahrhundert kämpfen diese Kräfte um die Herrschaft nicht nur in der abendländischen, sondern in der gesamten Welt und haben dabei den Menschen an den Rand seiner Vernichtung gebracht. Faschismus, Kommunismus und Kapitalismus nennen sich diese Kräfte und sie haben sich allesamt als unzulänglich erwiesen. Und so stehen wir heute vor einem großen Abgrund, in den nicht nur das Abendland, sondern die gesamte Menschheit zu stürzen droht. Nichts wird diesen Sturz in die Tiefe, diesen Sturz in die Vernichtung, verhindern können, wenn nicht der Mensch selbst diese Krankheit überwindet. Doch wie kann er sie überwinden? Indem er sich selbst endlich wieder als Teil der Natur begreift und seinen Platz innerhalb dieser findet. Indem er Werte annimmt, die der Natur abgelesen sind und damit sich selbst sein Woher und sein

Wohin gibt. Indem er den Nihilismus überwindet und zu einem neuen Glauben findet, der zum Fundament seines Handelns wird. Indem er neue Eliten ins Leben ruft, die einen gesunden Machtwillen, Weisheit und Verantwortungsbewusstsein in sich vereinen. Dieses Buch ist ein Bekenntnis des Verfassers zu seinen eigenen Werten. Er hat sich damit sein "Gut und Böse" geschaffen. Es ist kein Buch für die Vielen. Es ist ein Buch für die Wenigen. Möge es ein Buch für höhere Menschen sein, denen es danach verlangt, die Herrschaft des Geldes zu brechen und ihre eigene zu begründen. Möge es ein Buch für Menschen sein, die der Ekel vor dem Konsumsklaven und die Liebe zum Menschen zu seiner Überwindung drängt. Möge es ein Buch für die Wenigen sein, deren Geist nicht umhin kann, die Verirrung des Wohlstandsmenschen zu erkennen und die deshalb den Willen in sich verspüren, der Natur zu ihrem Recht zu verhelfen.

Bielefeld im Januar 2018

TURBORIS

„Ich bin ganz nach ihnen", sagt ich. „Das große Wort, das εν διαφερον εαυτω des Heraklit, das konnte nur ein Grieche finden, denn es ist das Wesen der Schönheit, und ehe das gefunden war, gab`s keine Philosophie.

Nun konnte man bestimmen, das Ganze war da. Die Blume war gereift; man konnte nun zergliedern.

Der Moment der Schönheit war nun kund geworden unter den Menschen, war da im Leben und Geiste, das Unendlicheinige war.

Man konnt es aus einander setzen, zerteilen im Geiste, konnte das Geteilte neu zusammendenken, konnte so das Wesen des Höchsten und Besten mehr und mehr erkennen und das Erkannte zum Gesetze geben in des Geistes mannigfaltigen Gebieten."

Friedrich Hölderlin „Hyperion"

Die Berufung des Ignatius von Manresa

*

Dunkel war es auf der Erde und wenig Einsicht besaß der Mensch. Von Trieben und Ängsten gejagt, war er taub für die Stimme der Vernunft. Ohne Ziel und ohne Bestimmung lebte er in Finsternis und Bedeutungslosigkeit. Doch dann gefiel es dem allmächtigen Schicksal, ihn herauszuheben aus dieser Dunkelheit und seinem Dasein einen Sinn zu geben. In dem schönsten und fruchtbarsten Land der Erde gebar es einen Menschen, wie ihn die Sonne noch nicht gesehen hatte. Sein Mut und seine Vernunft überwanden die Mächte, die ihn bisher unten gehalten hatten. Und so schuf er sich ein Volk, welches sich über alle anderen erheben sollte. Denn diesem Volke ward nicht nur Einsicht und Vernunft gegeben, sondern auch Tapferkeit und Entschlossenheit. Und nachdem es seinen Glauben geschaffen, seine Feinde besiegt und beides, Glaube und Sieg, besungen hatte, keimte in ihm ein Wille auf: der Wille zur Vollkommenheit. Dieser Wille ließ es Höhen und Tiefen erreichen, die kein anderes Volk jemals erreicht hatte. Sein Geist gab ihm diesen Willen, denn er war grenzenlos wie die Weiten des Meeres und nichts sollte ihm verborgen bleiben.

Mit der Macht dieses Volkes wuchs auch dieser Geist in ihm und allerorten ließ er neue Vollkommenheiten erblühen, bis schließlich in diesem Volke zwei Sehnsüchte geboren worden sind: Die Liebe zur Weisheit und das Streben nach Wissen. Diese Sehnsüchte des Geistes machten dieses Volk zu dem größten und gewaltigsten des Menschengeschlechts. Weisheit und Wissenschaft eroberten ihre Herzen und ihre Städte. So auch Ephesos, wo das Schicksal einen Menschen auserwählte, die Tiefen des Seins und den Sinn des Lebens zu ergründen. Als Herakleitos von Ephesos sein Schicksal erkannte, verließ er seine Stadt und ihre Menschen, um in den Bergen seiner Einsamkeit zu genießen und eine neue Lehre zu schaffen. Nachdem er viele Jahre in den Bergen gelebt hatte, gab er den Menschen seine Weisheiten, auf dass sie unter ihnen aufgehen und zu einem mächtigen Baume werden mögen. Und der Baum der Weisheit wuchs und strebte empor, denn tief in die Erde griffen seine Wurzeln und kraftvoll ragte sein Stamm aus dem Boden hervor. Sein Geist wandelte unter den Menschen und fand schließlich Ignatius von Manresa. Ihn hatte das Schicksal auserwählt, dem Baume der Weisheit ein machtvoller Ast zu werden, auf dass er dereinst reiche Früchte tragen möge.

*

Ignatius von Manresa lebte ein Leben in Dunkelheit und Unwissenheit, doch als er in seinem vierzigsten Lebensjahre stand, erkrankte er schwer und lag viele Wochen zwischen Leben und Tod. Schließlich überwand er seine Krankheit und kam wieder zu Kräften. Doch in ihm hatte sich ein Wandel vollzogen. Er fand keine Freude mehr, weder an seinen Kindern noch an seiner Frau oder an jedweder Tätigkeit. Nachdem er einige Jahre so zugebracht, beschloss er, seine Heimat zu verlassen, um in den Bergen sowohl Lebensfreude als auch sich selbst wiederzufinden. So verließ er seine Familie und lebte viele Jahre allein in den Bergen, sich von Beeren, Pilzen und Wildfleisch ernährend. An einem sonnigen Tage begab er sich mit einem schon seit vielen Monden seinen Geist quälenden Zweifel auf die Erhöhung eines Berges und setzte sich in den Schatten seines ihm liebsten Baumes. Da kam in ihm plötzlich die Frage auf: „Gott? Was ist das?" Und sein Gewissen antwortete ihm: „Das ist dein Vater, der dich geschaffen hat" Da sprach sein Zweifel: „Wie könnte ich geschaffen sein? Wie sollte ich eines Vaters Geschöpf sein, der ich doch unsterblich bin? Und ist nicht alles Leben ebenso wie ich unsterblich und eines Ursprungs?" Und so verließ er den Baum und stieg erhobenen Herzens die Erhöhung des Berges hinab, den neugeborenen Gedanken tief in seinem Geiste tragend.

*

Und nachdem Ignatius dreißig Jahre in den Bergen gelebt hatte, verließ er eines morgens zum letzten Male seine Höhle und sprach: „All die Tage in diesen Bergen erhielt ich Nahrung, um meinen Leib zu erhalten und einen Geist, um mich seiner zu erfreuen und tief in die Eingeweide des Lebens zu schauen. Weshalb tat man mir das? Was ist meine Bestimmung? Was könnte ich nur zurückgeben, um mich dieser Gaben würdig zu erweisen? Schwer lagen diese Fragen auf meinem Geiste und nun endlich ist die Zeit gekommen, zurückzugeben, was an mir Gutes getan wurde. Ein letztes Mal will ich zu den Menschen hinabsteigen und ihnen etwas bringen, was wie eine Saat unter ihnen aufgehen möge. Sie sind blind und krank geworden, doch es bekümmert sie nicht. Einst waren sie groß und wollten wachsen, doch jetzt sind sie klein und wollen noch kleiner werden. Schon längst hat die Sonne alle Freude verloren, ihnen das Licht zu bringen. Wie sollte sie auch Freude empfinden beim Anblick ihrer Erbärmlichkeit? Es ist keine Schönheit mehr, was der Sonne Strahlen zum Vorschein bringt, sondern einzig Verirrung und Krankheit. Tugend und Vernunft gelten ihnen nichts mehr und sie winden sich im Kote der Gier und der Lüge. Selbst die Natur, deren Allmacht sich doch ein jedes Geschöpf beugt, ist ihnen nichts weiter als ein gefallener Fürst, den es zu plündern und zu übervorteilen gilt. Und so will ich ein letztes Mal zu ihnen gehen, um mein Schicksal zu erfüllen. Eine Bruderschaft werde ich den Menschen bringen, auf dass sie sehend werden und Heilung finden mögen." Und so begab sich Ignatius auf seine letzte Wanderschaft. Von Alter und körperlichen Gebrechen niedergebeugt, stieg er, auf seinen Wanderstab gestützt, mühevoll den Berg hinab. Doch sein Geist war jugendlich als seine müden Augen zum letzten Male seine Höhle sahen.

*

Als die Sonne am höchsten am Himmel stand und ihre Wärme seinen Gang beschwerlich machte, empfand er große Freude, als er eine Wasserquelle erblickte, die ihr kaltes Wasser einen Felsvorsprung hinabschickte. Er beugte sich darunter und trank gierig davon, denn er war schon einige Zeit gegangen und seine Erschöpfung war groß. Als er seinen Durst gelöscht hatte und seinem müden Körper auf einem Findling sitzend Erholung gab, verlor sein Blick sich in seiner Umgebung: „Wie schön doch dieser Ort ist. Die Bäume spenden Schatten und auf ihren Ästen singen meine Freunde ein Begrüßungslied. Die Sonne blinzelt durch ihre Blätter und streichelt mein Angesicht. Kein Wind stört seine Ruhe und alles, was ich erblicke, ist Schönheit und Vollkommenheit. Wäre dies nicht ein schöner Ort, um sich schlafen zu legen? Doch nein, daran soll jetzt kein Gedanke verloren sein, denn ich habe eine Wanderschaft angetreten, die vollendet werden soll. So oft habe ich die Menschen aufgesucht, denn ihr Schicksal ist mir nicht gleichgültig. Meine Liebe zu ihnen drängte mich, sie an meiner Weisheit teilhaben zu lassen. Wird sie jemals in ihnen Wurzeln fassen oder werden sie immer blind und töricht bleiben? Besitzen sie denn die Ohren für meine Lehre? Werden sie jemals der Weisheit folgen?" So quälte sich in Zweifeln und Enttäuschung Ignatius` Seele, als er seinen Freund, den Fuchs, vom Felsen herabspringen sah. „Was tust du an diesem Ort, alter Mann? Wohin treibt dein unruhiges Gemüt dich? Wirst du niemals Ruhe finden?", sprach zu ihm der Fuchs. „Sei gegrüßt, mein treuer Freund. Doch sei nicht so streng mit mir. Ich möchte ein letztes Mal die Einsamkeit meiner Höhle verlassen und den Menschen Weisheit bringen, denn sie sind blind geworden und gehen den Weg ihres Untergangs. Kann ich denn gleichgültig sein, wenn sie Tod und Verderben über sich bringen?" „Du bist alt geworden", sprach der Fuchs, „und schwach. Warum sollten sie jetzt deine Schätze annehmen, da sie es doch sonst nie zu tun pflegten? Was ist ihnen deine Weisheit? Sie schenken ihr Lob und Anerkennung, doch sind sie ihr jemals gefolgt?" „Du magst recht haben lieber Fuchs, wie du stets recht hast, doch meine Weisheit ist so wie mein Körper gealtert und gereift. Mein Geist ist tiefer geworden und mit ihm meine Weisheit. Diese meine tiefste Weisheit werde ich höheren Menschen bringen und so des Menschen Bestimmung erfüllen." „Bestimmung?", lachte der Fuchs. „Wie bist du doch seltsam geworden, alter Mann. So hörte ich dich noch niemals reden. Was ist das für eine Bestimmung?" Ignatius erhob sich von seinem Findling, stützte sich auf seinen Stock und blickte durch das Laub der Bäume in den blauen Himmel. Noch nie hatte er in ein solches Blau gesehen. Es war ein kräftiges Azurblau. In diesem Blau verloren seine Augen sich, als er zu dem Fuchs sprach: „Was wusste ich auch davon? Ist nicht alles Leben ein Wandeln und ein ewiges Suchen? In den Tälern und auf den Bergen meiner Seele wandelte mein Geist. Wer erklomm je solche Höhen? Wer fiel je so tief? Und es ist seltsam, je älter ich werde, desto tiefer blicke ich. Was war mir ehedem die Seele? Was wusste ich von ihrer Unendlichkeit? In den Tiefen des Leibes glaubte ich sie und dort sah ich sie auch enden. Doch je älter ich werde und je mehr mein Leib mich verlässt, desto klarer sehe ich sie. Der Leib war mir alles und nichts sollte sich über ihn erheben können. Und das war gut so, denn so habe ich mich gereinigt von all den Irrtümern und Lügen der Menschen. Doch der Leib trägt keinen Sinn in sich. Er ist vergänglich und dem Tode geweiht, wie alles Leben auf dieser Erde. In ihm allein ist keine Bestimmung." Der Fuchs schaute Ignatius verwundert an. „Bist du etwa bekehrt worden? Hat die Einsamkeit dich gebrochen und dir den Trost der Hinterwelten aufgezwungen?" „Die Einsamkeit? Die Einsamkeit ist mein Trost, mein Freund. Kann ein Windrad dem Winde seine

Richtung geben? Kann ein Schiff die Kraft der Strömung lenken? Oder kann ein Mensch die Gewalt des Blitzes einfangen? So werde auch ich keine Bekehrung finden, sondern der Mensch durch mich. Ich bin die Form, in die sich das glühende Eisen ergießt. Ich bin der Hammer, der auf den Amboss niederfällt. Ich bin der Bimsstein, der dem Schwert seine Schärfe gibt. Ich bringe den Menschen das Schwert einer neuen Lehre, das Schwert, welches Krankheit und Unglaube zerschlagen wird, das Schwert, das ihnen Würde und Stolz zurückerkämpfen wird, das Schwert, das den Menschen einen neuen Sinn geben wird. Das ist meine Bestimmung, und deshalb werde ich ein letztes Mal meine Einsamkeit verlassen." So sprach Ignatius zu dem Fuchs und ging seines Weges, um den Menschen seine letzte Weisheit zu bringen.

*

Der Himmel begann sich zu verdunkeln und die Sonne neigte sich ihrem Untergange zu, da verspürte Ignatius das Verlangen seines Bauches. Und er setzte sich auf einen vom Winde entwurzelten Baum, um seinen ermüdeten Gliedern Erholung zu geben und den Untergang der

Sonne zu schauen, als sein Freund der Adler sich ihm nahte: „Was tust du hier, alter Mann, fernab von der Heimat? Wohin treibt es dich so spät am Tage? Ist es nicht längst höchste Zeit, den Schutz deiner Höhle zu suchen?" Da freute sich Ignatius und sprach zum Adler: „Du kommst wie immer zur rechten Stunde, alter Freund. Gerade eben bedarf ich deiner. Ich bin noch einmal den Berg hinabgestiegen, um den Menschen meine letzte Weisheit zu bringen. Doch jetzt überkommt mich der Hunger und quält mich sehr. Sei so gut und bring mir ein Tier, um ihn zu stillen, denn deine Augen sehen besser als meine und deine Krallen greifen besser als meine alten Hände." „Wie könnte ich dir diese Bitte abschlagen? Hatte ich doch gleich, als ich dich hier unten wandeln sah, geahnt, dass du meiner bedürfen würdest. Sei guten Mutes und vertraue auf mich, schon bald wirst du deinen Hunger stillen können." Und so verließ er Ignatius und begab sich auf die Jagd, um seinem Freunde den Magen zu füllen. Ignatius indes erhob sich und sammelte Geäst, um ein Feuer zu machen, an dem er sich erwärmen und seine Mahlzeit zubereiten könne. Seine Arbeit war eben verrichtet, als sein Freund der Adler, einen fetten Hasen in den Klauen haltend, zu ihm zurückkehrte. „Ich bringe dir deine Abendmahlzeit, die deinen Hunger vertreiben möge. Sei auf der Hut, mein Freund, wenn du den Menschen deine Weisheit bringst. Sie sind nicht mehr das, was sie einst waren, und Weisheiten lieben sie nicht mehr. Nicht nur jene, die du ihnen einst gebracht hast, nein, auch die ihrer eigenen Gelehrten und Weisen haben sie längst vergessen und sie gelten ihnen für Nichts. Sie kennen keine Weisheiten mehr, sondern einzig: Nutzen. Und so du ihnen keinen bringst, werden sie weder ein Ohr für deine Weisheiten haben, noch dir wohl gesonnen sein". Und so verließ der Adler Ignatius, der nun im Scheine der Abendröte seine Abendmahlzeit zubereitete und sich der Wärme des Feuers erfreute.

*

Am nächsten Morgen erhob sich Ignatius von seinem Lager, gürtete sich und sprach zu seinem Herzen: „Welch seltsamer Traum überkam mich letzte Nacht. War mir doch, als ob ich gleich einem Adler von hoch oben auf die Erde niedergesehen und ich mit einem Blick all ihre Schönheit und all ihr Leiden erkannt hätte. Wie leicht wurde mir mein Herz und ich begriff, dass ihr Leid und ihre Schönheit zwei Teile eines vollkommenen Ganzen sind. Und eine unendliche Lust und Liebe zum Leben überkam mich, als ich mich in die Tiefe stürzte ." So sprach Ignatius zu seinem Herzen und setzte seinen Weg entschlossen fort, denn sein Traum schien ihm Ansporn und Vorbedeutung zu sein. Als er in Gedanken versunken seines Weges ging, hörte er plötzlich eine Stimme, die ihn freudig begrüßte: „Guten Morgen, alter Mann, ist es nicht zu heiß für eine Wanderschaft?" Ignatius erhob sein Haupt und erblickte einen jungen Wanderer, dessen Antlitz ohne Misstrauen und voller Aufrichtigkeit war. „Für eine letzte Wanderschaft ist es niemals zu heiß, junger Mann. Ich gehe zu den Menschen, um ihnen ein Geschenk zu bringen. Möchtest du auch teilhaben an diesem Geschenk? So folge mir und sei mein Gefährte. Zu lange schon wandle ich allein und sammle meine Weisheiten wie die Biene ihren Honig. Doch wozu sind sie gut, wenn niemand davon isst? Willst du den Honig meiner Weisheiten kosten? Keiner gefällt und sättigt so wie er." Der junge Wanderer schaute Ignatius erstaunt an und eine große Frage war in sein Angesicht geschrieben. „Wer bist du?" Doch Ignatius wendete sich von ihm ab und ging seines Weges und der junge Wanderer folgte ihm.

*

Nachdem Ignatius und der junge Wanderer eine Zeitlang des Weges gegangen waren, begegneten ihnen zwei junge Jägersmänner, die, ihre Bögen über der Schulter hängend und die Jagdhunde an der Leine führend, ihnen pfeifend entgegenkamen. Ignatius erwiderte ihren Gruß mit einem Nicken seines Kopfes, ohne das Wort an sie zu richten, denn er war in seinen Gedanken verloren und ihm war wohl dabei. Doch der junge Wanderer trat zu ihnen und sprach sie an. Und als sie ihre Worte gewechselt hatten, schauten sie einander an und das große Schicksal lag über ihnen. Da verließ der eine Jägersmann seinen Kameraden und folgte dem jungen Wanderer. So setzte Ignatius seinen Weg mit zwei Gefährten fort und sein Herz war voller Freude, denn er spürte die Macht des Schicksals und in ihm reifte die Gewissheit, auf einer guten Wanderschaft zu sein. Und viele Male noch legte sich die Sonne nieder und erhob sich der Schein des Mondes, als sich eines Tages Ignatius und seine Gefährten am Feuer ihres Lagers erwärmten und sich an Beeren und Wildfleisch labten. Sechs Gefährten saßen mit Ignatius und wurden Teil seines Schicksals. Nach Peter, dem

Wanderer, und Franz, dem Jägersmann, folgten ihm Alfonso, der Gelehrte, Rodrigues, der Dichter, Diego, der Krieger, und Nicolas, der Arzt. Alle folgten sie der Stimme Ignatius` und ihr Wollen wurde eins mit dem Willen Ignatius`. Gleich den Planeten, die um die Sonne kreisen, saßen sie im Dunkel der Nacht bei dem Feuer ihres Lagers. Da erhob Ignatius seine Stimme und sprach zu ihnen: „Meine Gefährten, ein letztes Mal nenne ich euch so, denn hier im Lichte und der Wärme unseres Lagers erhaltet ihr die erste Weisheit meiner neuen Lehre. Schon lange dürstet euch danach und euer Geist ist begierig, diese zu empfangen. Wenn ihr sie empfangen habt, seid ihr nicht länger meine Gefährten, nein, ihr seid sodann meine Brüder. Brüder sowohl im Geiste als auch im Blute. Wir werden zu einem Glauben, zu einem Willen und zu einem Körper werden. Niemand wird Zwietracht, Zweifel oder Verblendung unter uns säen können, denn diese Weisheit wird wie in meinem auch in euren Herzen lebendig werden und uns aneinanderbinden. Ihr seid mir gefolgt, nicht weil ihr Lohn erhofftet oder nach dem Gelde giertet, sondern weil das Schicksal euch auserwählt hat und ihr euch seiner Macht nicht widersetzen konntet.

Nun erfahrt, wozu das Schicksal euch auserwählt hat." Und so erhob er sich von seinem Platze, stützte sich auf seinen Stab und ging in sich. Als er seine Augen öffnete, erblickte er die Antlitze seiner Gefährten, welche weder ihre Anspannung noch ihre Erwartung ob der Ankunft dieser erhofften Stunde verbergen konnten. Und als sein Geist in ihm stark und lebendig war, sprach er:

Die erste Offenbarung

*

„Wir erwachen auf dieser Erde zum Leben und wissen nicht, weshalb wir hier sind und welchen Auftrag wir hier haben. Wenn wir auf einer Insel geboren wären, auf der es keine Menschen gäbe, die uns einmal angenommene Weisheiten und Werte mitteilen könnten, wie sollten wir erkennen können, nach welchen Richtlinien wir unser Leben gestalten müssten? Einzig die Natur, als deren Teil wir hier geboren sind, gibt uns die Richtlinien vor. Sie ist die einzige Erzieherin allen Lebens und kein Geschöpf kann sich, wenn es am Leben bleiben möchte, ihrer Lehre entziehen. Wenn wir ihren Willen erkennen, erfahren wir nicht nur, in welche Richtung wir unser Leben auszurichten haben, sondern ebenso, weshalb wir auf dieser Erde sind. Denn der Ursprung allen Lebens hat diese Formenwelt nicht zufällig in dieser Art und Weise geschaffen, sondern dieser Art und Weise liegt eine Bestimmung zugrunde. Sie ist eine Willensäußerung, und zwar eine Willensäußerung des Ursprungs allen Lebens. Wer diesen Willen erkennt, weiß, nach welchen Werten er sein Leben auszurichten hat, und, wenn er den tieferen Sinn dieses Willens begriffen hat, weshalb er auf dieser Erde ist. Denn der Ursprung allen Lebens, der allmächtige Schaffensgeist, ist auch der Ursprung meiner unsterblichen Seele. Wenn der allmächtige Schaffensgeist meine unsterbliche Seele in diese Welt geworfen hat, so kann ihr Auftrag nur in der Erfüllung des in der Formenwelt geäußerten Willens liegen. Einen anderen zu suchen ist sinnlos und wird immer nur in die Irre führen. Die Unterschiedlichkeit der Ergebnisse bei der Deutung dieses Willens liegt in der Unterschiedlichkeit des Wissensstandes, der klimatischen Bedingungen, der geistigen Ausrichtung, der Erziehung und den dabei angenommenen Werte- und Weltvorstellungen und vielen anderen Faktoren. Jeder Mensch und jedes Volk wird diese Willensäußerung in der ihm möglichen Form deuten. Unsere Deutung dieses Willens des ewigen Schaffensgeistes liegt in einem ewigen Streben nach Macht, in einem unbändigen Drang nach Herrschaft, in einem Überwinden-Wollen des Anderen, um sich selbst zu erhöhen, kurz: in dem Willen zur Macht. Einst hat sich dieser Machtwille Götter und einen Gott geschaffen, um wachsen zu können. Doch diese Stärke und Größe vermittelnden Sinngebungen haben aufgehört, dem Menschen einen Sinn geben zu können. Er hat den Glauben an sie verloren. Nun ist die Zeit gekommen, dass der

Mensch in sich selbst den Sinn des Lebens findet. Die Seele des Menschen als Ausdruck des allmächtigen Schaffensgeistes, dem sie auf ewig angehört, erkennt mittels ihres Geistes diesen ihren Ursprung und seinen Willen. Der Mensch als sein herrlichster Ausdruck erkennt, dass er der Herrscher dieser Formenwelt ist und sein Geist nichts anderes ist als der Geist des allmächtigen Schaffensgeistes."

*

„Einst war die Materie nur eine tote Körpermasse ohne Leben. Da fuhr die ewigeinige Schaffenskraft in sie ein und das Leben erwachte in ihr. Dieser Wille zum Schaffen gab dieser toten Masse das Leben und die Vielfalt. Und der Geist gab ihr die höhere Ordnung. Dieser Wille in ihr gebar das Werden Im Raume und der Geist gebar das allmächtige Schicksal. Das ewige Werden in den vorgegebenen Schicksalsbahnen kann kein Geschöpf der Formenwelt verändern. Einzig dem Menschen ist es durch seine Geisteskraft gegeben, diese Schicksalsbahnen zu erkennen. Kein anderes Geschöpf ist dazu fähig. Darin liegt sein Fluch, jedoch auch sein Segen. Er erkennt seine Endlichkeit und eine tiefe Traurigkeit bedrückt seine Seele. Doch die vom Schicksal Auserwählten tragen das Licht in ihren Herzen, denn sie allein erkennen nicht nur die Endlichkeit des Körpers, sondern ebenso die ewige Schaffenskraft, die in allem Lebendigen Seele genannt wird. Nur der Geist des Menschen hat die Kraft, dies zu erkennen, und darin liegt seine Bestimmung. Meine Brüder, erhebt eure Herzen und vernehmt nun die Botschaft vom Schicksal des Menschen. Alles, was heute lebt, ist morgen schon tot und geht zurück in die Formenlosigkeit, doch nicht eure Seelen. Diese werden wieder eins mit der ewigeinigen Schaffenskraft, um gemäß dem Willen des allmächtigen Schaffensgeistes in der Formenwelt eine neue Gestalt anzunehmen. Wieder und immer wieder wird neues Leben geschaffen. Wo kommt es her? Wer gibt dieses Leben? Es ist die unerschöpfliche Schaffenskraft, die Quelle allen Lebens; die ewigeinige Urkraft. Sie gibt das Leben und sie ist das Leben. In ihr ist kein Anfang und kein Ende, kein Raum und keine Zeit, sie ist ein ewiges Schaffen-Wollen. Dieses Schaffen-Wollen erhält durch den Geist ein Bewusstsein. Der Geist gibt dem Schaffen-Wollen eine Richtung, ein Wohin. Ohne den Geist ist dieses Schaffen-Wollen ziellos und sinnlos. Sie sind eine Einheit, ein wollender Geist, ein vergeistigtes Wollen. Wer den Geist in der Formenwelt erkennt, erkennt damit den Quell allen Lebens. Doch wer hat die Augen und die Ohren für dieses große Erkennen? Allein die vom Schaffensgeiste Auserwählten. Sie sind bestimmt, die Formenwelt auf den vom Schicksal gewollten Wegen zu halten. Das Schicksal aber ist der Wille des Schaffensgeistes. Dieser Wille hat den Menschen zu einem der mächtigsten Geschöpfe der Formenwelt gemacht. Weshalb? Damit er im Wohlstand seinen körperlichen Trieben frönt? Damit er im Wohlsein des Menschen den Sinn der Schöpfung sieht? Damit er einzig im Dasein in der Formenwelt Anfang und Ende seines Lebens sieht? Dann hätte er ihn eher zu einem Tier machen sollen. Dann hätte er ihn nicht vom Tier zum Menschen erheben sollen. Dass er Mensch ist, darin liegt seine Bestimmung: sein Schicksal. Denn als Mensch herrscht er über diese Erde und hat sich dieser Herrschaft würdig zu erweisen. Wie sollte er als Sklave herrschen können? Werdet also zu Streitern für den kommenden Menschenfürsten und erfüllt damit das Schicksal des Menschen."

*

„Wenn ein Lebewesen gestorben ist, kehrt seine Seele zur ewigeinigen Urkraft zurück und ist wieder eins mit ihr, ohne eine Ausdrucksgestalt in der Formenwelt zu besitzen. Dies ist ein Zustand der höchsten Vollkommenheit und des Allwissens. Alle Grenzen von Raum und Zeit sind aufgehoben. Der Antagonismus der Formenwelt ist aufgehoben, da das Körperliche überwunden worden ist. Es ist ein Zustand der vollkommensten Harmonie. Stellt euch einen Maler vor, der durch die Hingabe bei der Schaffung seines Kunstwerkes oder einen Denker, der durch die Anwendung seiner Denkkraft oder einen Liebenden, der durch das Sich-Verlieren in seiner Liebesfähigkeit einen Zustand der Vergeistigung erreicht hat, dass er gewissermaßen der Welt entrückt und dennoch in höchster Glückseligkeit begriffen ist, dann habt ihr eine Ahnung von diesem Zustand. Doch Worte können ihn niemals vollständig beschreiben, da die Sprache innerhalb der Formenwelt entsprungen ist und mithin auch ihre Grenze in der Zustandsbeschreibung der Formenwelt findet. Einzig das Vermögen meines Geistes kann mich diesen Zustand erspüren lassen. Dieses Erspüren kann jedoch immer nur ein Erahnen der Vollkommenheit dieser Schaffenskraft sein. Die ewigeinige Schaffenskraft ist die Gemeinschaft aller Seelen des Universums ohne irgendeine Abgrenzung: eine ewige unendlich schaffende Seelenkraft. In allem, das lebendig ist, wirkt diese Seelenkraft.

Deshalb empfindet jedes Lebewesen eine Art von Hingezogen-Sein zu den anderen Lebewesen, da in uns allen diese Seelenkraft wirkt. Doch in der Formenwelt befindlich, sind wir vor allem den Gesetzen der Formenwelt unterworfen und haben danach zu trachten, diese zu verstehen und zu erfüllen. Indem wir das tun, werden wir zu Schaffenden innerhalb der Formenwelt und indem wir Leben schaffen und nehmen, verändern wir die Formenwelt. Doch wir werden niemals der Allseele Schaden zufügen können. Wir werden stets Handelnde innerhalb der Formenwelt sein, die eine Ausdrucksform des ewigen Schaffensgeistes ist. Damit erfüllen wir den Willen des allmächtigen Schaffensgeistes, zu dem wir nach unserem Tode zurückkehren, um aus dem Zustand der höchsten Vollkommenheit eine neue Ausdrucksform in der Formenwelt anzunehmen."

*

„Der allmächtige Schaffensgeist findet in Formenwelten seinen Ausdruck. Warum er das tut und weshalb es ihn gibt, werden wir als Teil dieser Formenwelt niemals begreifen. Er ist ein Mysterium und als solches können wir ihn niemals vollends begreifen. Deshalb haben die

Menschen ihn ehemals als Gott angebetet und sind ihm mit Angst und Liebe begegnet. Doch weder ist er ein Gott, noch müssen wir ihn fürchten. Er ist die Kraft, die uns zu Menschen macht, sein Geist wirkt in uns und macht uns zu Herrschern dieser Erde. Wir sollten ihn lieben und nicht fürchten, wie wir uns selbst lieben sollten und nicht fürchten, denn wir selbst sind der Schaffensgeist. Er wirkt in uns und außerhalb von uns im unendlichen Raume. So wie unser Körper, so kann auch die gesamte Formenwelt zerstört werden. Doch dann fände sie eine neue Ausdrucksform. Der Tod ist niemals endgültig oder abschließend, der Tod ist immer nur eine Veränderung der Formenwelt. Das was jedes Geschöpf lebendig macht, ist die Schöpfungskraft, die wir in uns Seele nennen. Wenn wir einem Geschöpf sein Leben nehmen, beenden wir eine Ausdrucksform der Schöpfungskraft, doch ihre Seele kehrt zum Ursprung zurück und wird eine neue Ausdrucksform im ewigen Raume anstreben. So wie die Schöpfungskraft, so ist auch ihr Streben nach einer Ausdrucksform ewig und unerschöpflich. Sie ist die Quelle allen Lebens und wer sie einmal erkannt hat, der wird nichts mehr fürchten."

„Erkennt den Ursprung des Lebens und ihr erkennt eure Bestimmung. Keine kausale Logik kann euch dabei helfen, sondern es ist ein Erfühlen, ein Erspüren. Fühlt das Leben in euch selbst und in jedem Geschöpf, das euch begegnet. Betrachtet, wie die Formenwelt sich ausdrückt und begreift den tieferen Sinn dahinter. Sucht die Einsamkeit und macht euch frei vom verdummenden Herdenstreben. Die Herde lebt im Dunkeln und fühlt sich wohl dabei. Was liegt an ihr? Doch wir höheren Menschen streben zur Sonne hin, die da ist: Weisheit. Eure Fragen sollten sein: Was ist das Leben? Was will das Leben? Was ist der Sinn des Lebens?"

*

„Was wir an uns selbst lieben, ist nicht unser Aussehen, unser Körper oder unsere niederen Triebe. Was liegt an diesen? Sie können morgen schon ausgelöscht sein. Was wir an uns selbst lieben, ist die Kraft, die in uns wirkt und die uns Stärke und Größe verleiht. Sie zeigt sich im Körper und im Geiste. Diese Kraft ist das Leben in uns. Sie ist ein ewiges Streben nach Macht, nach Macht durch die Tat und nach Macht durch Wissen."

*

„Die Liebe ist eine der gewaltigsten Kräfte des Universums. Sie ist eine Anhänglichkeit der Seele an ihresgleichen. Je tiefer sie im Seelischen verankert ist, desto stärker ist sie. Die stärkste Form der Liebe ist die Liebe zur eigenen Schöpfung, denn als Schaffender ist das Lebewesen am reinsten ewige Schaffenskraft. Mit den eigenen Kindern schafft man selbst neues Leben, mit dem Glauben hat man seine Identität in der Seelenwelt geschaffen, mit dem Vaterlande hat man sich seine Identität in der Formenwelt geschaffen. Sobald der Mensch Schaffender ist, wird er zum Liebenden. Je stärker er dabei Schaffender ist, desto tiefer ist die Liebe. Doch in der Liebe ist auch ihr Antagonist: der Hass. Sie sind untrennbar miteinander verbunden: Das eine gibt es nicht ohne das andere. Wer seine Kinder liebt, stellt sie über die anderen. Wer sein Vaterland liebt, will es größer und stärker als die anderen Länder. Wer einen Glauben gefunden hat, wird keinen anderen dulden. So schafft die Liebe bereits den Hass, aber der Hass auch die Liebe. Nur wer wirklich zu lieben weiß, kann auch hassen und nur wer wahrhaftig zu hassen weiß, kann auch lieben. Schaffender kann nur sein, wer auch zerstört. Indem ich Kinder schaffe, vermehre ich eine Gemeinschaft, welche immer auch Antagonist zu anderen Gemeinschaften sein wird. Indem ich einen Glauben schaffe, zerstöre ich schon andere Glaubensformen und mache sie mir zu Feinden. Indem ich ein Vaterland schaffe, unterdrücke ich andere Völker und mache sie mir zu Feinden. Die Folge von Zerstörung ist Schmerz oder Tod, die Folge von Liebe ist Glückseligkeit. Nur wer beides Schmerz und Glückseligkeit annimmt, kann ein Schaffender sein. Wer eines von beiden ausschließt, wird entweder nur ein sinnloser Vernichter oder ein nichtsnutziger Schwächling sein. Ihr, die ihr Schaffende sein wollt, strebt nach Schmerz und Glückseligkeit, denn so hat es der allmächtige Schaffensgeist vorherbestimmt: Wer schaffen will, muss Leid und Glück tragen und ertragen können."

*

„Der Wille zur Macht ist nichts anderes als der Wille zu schaffen. Je größer die Macht, desto stärker kann sich die Schaffenskraft entfalten. Macht zu wollen, ist, schaffen zu wollen."

*

„So wie wir überzeugte Atheisten sind, so sind wir auch überzeugt, dass die Seele unsterblich ist. Ist das ein Widerspruch? Mitnichten! Ohne Gott erleidet die Sinnhaftigkeit des Lebens keinen Schaden, doch ohne die unsterbliche Seele, ist alles Leben ohne Sinn. Gott ist nur eine Konsequenz des sterbenden Götterglaubens und ebenso ist die unsterbliche, sich selbst verwirklichende und in sich selbst ruhende Seele eine Konsequenz des sterbenden Gottglaubens."

*

„Das erste Bemühen eines jeden Menschen muss es sein zu erkennen, weshalb er auf dieser Erde ist, und wenn er eine Antwort darauf endgültig in sich tragen sollte, seinen Geist im Sinne dieser Antwort auszurichten und mit Leib und Seele danach zu leben."

Die Geburt der ersten Bruderschaft

*

Als Ignatius geendet hatte, senkte er sein Haupt, breitete seine Arme aus und sprach: „Möge diese Weisheit in euch Wurzeln schlagen und möget ihr diese in die Welt hinaustragen, auf dass die Erde ihren Sinn erfahre. Meine Brüder, wollt ihr meine Saat in die Erde legen?" Und so schaute er in die Angesichter der Auserwählten. Als sie seinen Blick spürten, erhoben sie sich, fasten ihre Hände und sprachen: „Meister, einen großen Willen hast du uns aufgezeigt. Mach uns zu Vollstreckern dieses großen Willens! Mach uns zum Werkzeug dieses großen Willens!" Und so ward die erste Bruderschaft der höheren Menschen geboren. Eine Lehre verband sie und eines Geistes wurden sie. Und sie blieben in den Bergen, errichteten sich ein Haus, pflügten den Boden und jagten im Walde. Ein jeder lernte vom Anderen und so vollbrachten sie ihre Werke und litten weder Hunger noch Kälte, noch drückte sie irgendein anderes Leid. Viele Monde lebten sie so und ihre Einigkeit wurde enger und stärker. Sie fühlten sich einander verbunden und so wuchs in ihnen eine Liebe zueinander. So wie sie sich selbst liebten, liebten sie auch einander, wie Brüder es tun. Und jeden Abend saßen sie mit

ihrem Meister am Feuer ihres Lagers und ge-
dachten der Geburt ihrer Bruderschaft.

*

Eines Morgens nahmen Ignatius und seine
Brüder ihre Äxte, um im Walde Holz zu schlagen,
denn es wurde kalt und der Winter nahte. Und
als sie ihre Arbeit verrichtet hatten und zu ihrer
Hütte zurückkehrten, begann es plötzlich zu
regnen. Und da der Regen immer stärker wurde,
stellten sie sich unter einen großen Baum, um
einige Zeit zu warten, bis der Regen nachließe.
So standen sie in einem Kreise und weil sie vor
Kälte zitterten, rückten sie zusammen und
wärmten sich gegenseitig. Doch Ignatius stand
abseits von seinen Brüdern und beobachtete
einen Bach, der durch den Regen immer voller
wurde und sein Wasser rauschend die Berge
hinabschickte. Da sprach er zu seinen Brüdern:
„Seht ihr, wie alles fließt. Nichts hat Bestand.
Alles kommt und alles geht. Wie ist doch alles im
ewigen Wandel begriffen. Nichts auf der Erde
kann sich diesem Wandel entziehen. Seht doch,
wie der Bach dahinfließt." Und er trat zu seinen
Brüdern und bedeutete ihnen den rauschenden
Bach. Die Brüder betrachteten diesen und
Alfonso, der Gelehrte, sprach zu Ignatius:
„Meister, meint ihr, dass so wie in diesem Bache

alles auf Erden dahinfließt? Doch wohin fließt alles? Gibt es denn nichts, das Bestand hat?" „Ja, alles ist im Wechsel und im Wandel. In denselben Fluss könnt ihr nicht zweimal treten. Doch eine Kraft ist unveränderbar und ewig. Sie ist die Kraft, die der Erde diesen ewigen Wechsel auferlegt hat. Seht diesen Bach und erkennt die Kraft, die ihn fließen macht." Die Brüder blickten ihren Meister verwundert an und sannen über seine Worte nach, als der Regen ebenso plötzlich innehielt, wie er begonnen hatte. So nahmen sie ihre Äxte und das geschlagene Holz und kehrten zurück zu ihrer Hütte.

*

Des Nachts lag Ignatius auf seinem Nachtlager und fand keinen Schlaf. In der Stille der Nacht lauschte er dem Atem seiner Brüder. Sie atmeten ruhig und die Wonne des Schlafes umfing ihre Seelen. Doch Ignatius fand keine Ruhe. Sein Geist lag schwer auf seiner Seele und seine Gedanken fanden kein Ziel. Da erhob er sich von seinem Nachtlager und verließ die Hütte, um unter freiem Himmel Ruhe finden zu können. Die frische Nachtluft weckte seine Sinne und ent-wirrte die Gedanken in seinem Kopfe. Er atmete sie tief ein und fühlte sich wie von einer schweren Last befreit. Sodann verlor sich sein

Blick in der ihn umgebenden Natur und er betrachtete den Sternenhimmel. Es war eine klare Nacht und das Licht der Sterne leuchtete so kräftig, wie er es noch nie gesehen hatte. „Wer bin ich? Und wo stehe ich hier? Wie kam ich an diesen wundervollen Ort mitten in der Unendlichkeit dieses Raumes? Wo endet dieser Raum? Und was sind ihm diese Sterne?" Dies frug sich Ignatius, als er wie gebannt vor dieser Unendlichkeit stand. Da erkannte er plötzlich, dass der Erde und all dem Leben auf ihr eine Bestimmung zugrunde lag. „Grenzenlos scheint dieser Raum zu sein. Gibt es in ihm noch irgendwo Leben? Wer vermag das zu sagen? Doch eines ist gewiss: Wie klein und unbedeutend sich unsere Erde in dieser Unendlichkeit des Raumes auch ausmachen sollte, so kommt ihr an Schönheit und Perfektion wohl kaum etwas gleich. Sie ist wie eine Insel mitten in den stürmischen Weiten des Meeres. Sie ist wie eine Oase in einer glühenden Wüste. Sie ist ein Refugium des Lebens mitten im unendlichen Tod. Kein Zufall versetzt solch eine Schönheit in den unendlichen Raum." Und so glätteten sich die Wogen seiner Gedanken und sein Geist fand endlich zur Ruhe zurück, als Ignatius sich wieder in sein Nachtlager begab und in einen tiefen Schlaf fiel.

Als Ignatius und seine Brüder am nächsten Morgen ihr Morgenmahl zu sich genommen hatten, beschlossen sie, ihre Bögen zu nehmen und auf die Jagd zu gehen. Sie legten ihre Schwerter an und füllten ihre Köcher mit Pfeilen. So stiegen sie frohen Mutes den Berg hinab, um im Walde ihr Jagdglück zu versuchen. Da erblickten sie einen Falken, wie er hoch am Himmel seine Kreise zog und urplötzlich in die Tiefe hinabstürzte. Doch seine Jagd blieb ohne Erfolg, denn mit leeren Klauen stieg er wieder in die Höhe und flog davon. Da lächelte Ignatius und sprach zu seinen Brüdern: „Möge uns ein besseres Jagdglück beschert sein und mögen unsere Hände nicht so leer wie die Klauen dieses Falken bleiben." Und so gingen sie weiter ihres Weges und ihre Herzen waren voller Entschlossenheit und Zuversicht trotz dieses schlechten Vorzeichens, eine reiche Jagdbeute machen zu können. Da erschreckten sie durch ihre Schritte einen Fasan, der voller Angst fortlief und sodann in die Lüfte ging. Sogleich zog Diego, der Krieger, einen Pfeil aus seinem Köcher, legte ihn an die Sehne, spannte seinen Bogen und entließ den Pfeil. Doch er verfehlte sein Ziel, ebenso wie auch die Pfeile seiner Brüder. Niemandem gelang es, den Fasan vom

Himmel zu holen. Da legte schließlich Franz, der Jägersmann, seinen Pfeil an die Sehne seines Bogens und suchte mit sicherem Auge sein Ziel. Und obgleich der Vogel schon außer Reichweite zu sein schien, schickte er ihm seinen Pfeil nach und traf ihn mitten ins Herz. Da feierten ihn seine Brüder, umarmten ihn und schenkten ihm Lob und Bewunderung. Und Ignatius trat an ihn heran und sprach zu ihm: „Der Falke hatte nur einen Versuch und musste mit leeren Magen davonziehen. Doch wir sind eine Gemeinschaft und stehen einander bei. Und wenn auch alle Kräfte unzulänglich sein sollten, so haben wir doch am Ende einen Jägersmann, dessen Auge so scharf wie die eines Adlers und dessen Arme so stark wie die eines Bären sind." Und so umarmte auch er den Jägersmann und huldigte ihm vor seinen Brüdern. Sodann eilten sie gemeinsam zu dem geschossenen Tier, um ihre erste Jagdbeute an sich zu nehmen. Viele weitere Tiere schossen sie noch an diesem Tage und mit vollen Händen kehrten sie spät am Tage zu ihrer Hütte zurück. Und als sie sich des Abends an ihrer Speise gesättigt und ihren Durst gestillt hatten, erhob Ignatius seine Stimme und ließ seine Brüder teilhaben an seiner Weisheit:

Die zweite Offenbarung

*

„Meine Brüder, des Menschen Bestimmung ist es nicht, Sklave, sondern Herrscher zu sein. Werdet zu Streitern für den Menschenfürsten und gebt dem Menschengeschlecht seinen Sinn zurück. Werdet Teil seines Schicksals und berauscht euch an seinem Ruhme. So vermehrt ihr die Macht eurer Seele, auf dass sie sich erhebe und die Gunst des Schicksals finde. Denn die Allmacht des Schicksals weist jeder Seele ihren Platz in der Weltenordnung zu. Strebt nach Macht, um seine Gunst zu finden und ihr werdet bei eurer Wiederkunft emporgestiegen sein. Seht, wie alles wiederkehrt, und erkennt die ewige Lebenskraft, die all das schafft. Das ist die ewigeinige Schaffenskraft, die alles gebiert und niemals stirbt. Dem allmächtigen Schaffensgeist allein dient sie. Das Universum und alles, was in ihm ist, ist sein Werk. Wer kann seine Größe ermessen? Meine Brüder, hört ihr nicht, wie alles von ihm spricht? Jedes Tier, jede Pflanze, jeder Fluss spricht von ihm und erfüllt seinen Willen. Auch das Schicksal dient nur ihm allein. Drum sucht auch ihr seine Gunst zu finden, damit ihr emporsteigen möget auf der Herrschaftsleiter der Weltenordnung. Strebt nach Macht, meine Brüder, und erklimmt die Herrschaftsleiter, auf dass eure Seelen dereinst eine große Wiederkunft erleben werden. Denn nur wer sich in seinem Leben der Schöpfung würdig erwiesen hat, kehrt mit einer größeren Schaffenskraft zu ihr zurück."

*

„Bei jeder Zeugung eines Geschöpfes vereint sich eine unsterbliche Seele mit einem sterblichen Körper. Immer wieder begibt sich die Seele auf eine solche Lebensreise und immer wieder kehrt sie nach dem Tode ihres Körpers zu ihrem Ursprung zurück. Es liegt nicht in ihrer Macht, den Ort, die Zeit oder die Dauer der Lebensreise zu bestimmen. Der Ursprung allen Lebens bestimmt auch das Schicksal allen Lebens. Einzig der Mensch ist durch seinen Geist erhöht worden, um diese Geheimnisse des Lebens zu erkennen. Durch den Geist ist er erhöht, aber auch mit einem Fluch beladen. Denn ein Tier lebt dunkel vor sich hin und weiß nichts vom Tode. So ist der Geist des Menschen sein Fluch, denn durch ihn weiß er um die

Endlichkeit des Lebens; doch er ist auch sein Segen, denn durch ihn ist er zur Erkenntnis der höheren Wahrheit befähigt. Je tiefer sein Geist, desto tiefer ist auch die Erkenntnis dieser Wahrheit. Diese Wahrheit gibt dem Leben seinen Sinn und spendet Trost im Tal des Schmerzes. Meine Brüder, eure Körper werden sterben und niemals wiederkehren, doch eure Seelen werden neue Wege gehen und sich immer wieder neu mit der Endlichkeit vereinen. Lebt euer Leben im Bewusstsein dieser Wahrheit. Grämt euch nicht und klammert euch nicht an euer Leben. Gebt es frohen Herzens weg, denn euch wird ein neues gegeben. Unzählige Reisen werdet ihr antreten und unzählige Male werdet ihr zu eurem Ursprung zurückkehren. Dort seid ihr mit allen Seelen in einer Unendlichkeit und einer Allwissenheit vereint. Schaut in die Welt und erkennt, wie verschwenderisch die Natur ist. Was liegt am Leben eines Geschöpfes? Eines stirbt und ein neues wird geboren und dies wieder und wieder bis in alle Ewigkeit. Wer wird um das Vergangene trauern? Erkennt den Willen des ewigen Schaffensgeistes und strebt nach Macht. Dann werdet ihr zu eurem Ursprung zurückkehren, nachdem ihr euch seiner würdig erwiesen habt. Meine Brüder, der Menschenfürst ist der Wille des ewigen Schaffensgeistes. Strebt nach Macht und herrscht, so ihr aber einem zur obersten Herrschaft Bestimmten dienen könnt, so gehorcht ihm. Nur wenige sind zum Herrschen bestimmt, den meisten ist es bestimmt zu dienen. Denn wer einem Größeren gehorcht, erhöht sich selbst, wie er es ohne diesen niemals vermocht hätte. Erkennt diese Wahrheit und erhebet eure Herzen, meine Brüder. Sie allein zeigt euch den Sinn eures Lebens."

*

„Das Schicksal baut die Wege des Lebens, doch wie diese Wege gegangen werden, liegt in der Macht eines jeden Geschöpfes."

*

„Der Ursprung allen Lebens, der ewige Schaffensgeist, ist ein Mysterium, das mit Worten nur angedeutet, jedoch nicht ergründet werden kann. Dieses Mysterium kann allein mit der Kraft der organischen Logik erkannt werden. Die anorganische Logik, das kausale Denken, ist ein Werkzeug des Verstandes, um die Formenwelt zu verstehen und zu verändern. Die organische Logik ist ein Werkzeug, um das Leben selbst zu verstehen. Die anorganische Logik bezieht sich immer auf die körperliche Welt und endet auch dort. Die organische Logik bezieht sich auf die körperliche und die ewige Welt. Die anorganische Logik will ein Begreifen, um zu verändern, d.h. um selbst zu schaffen. Die organische Logik will ein Begreifen, um sich selbst, den Ursprung allen Lebens und den Sinn der Erde zu verstehen. In einer primitiven Gesellschaft gibt es nur ein Bewusstsein für die organische Logik, in einer Zivilisation nur für die anorganische Logik. Einzig in einer Hochkultur geraten beide Logikformen zur vollen Entfaltung, wodurch diese zu den größten Leistungen in den Künsten und Wissenschaften befähigt wird. Alles was eine Zivilisation durch das Übergewicht der anorganischen Logik hervorbringt, ist in Wahrheit nur die Folge des Erblühens der Hochkultur, ein Aufsammeln der auf den Boden gefallenen, beschädigten Früchte, die man eben aufsammelt, da der Baum keine Früchte mehr gibt. Manchmal mag sich wohl noch eine unbeschädigte Frucht auf dem Boden finden lassen, doch das kann nicht darüber hinwegtäuschen, dass der Baum stirbt und die vom Baum herabgefallenen Früchte schon bald alle aufgelesen sein werden. Anorganische und organische Logik sind beides Werkzeuge des Geistes. Die organische Logik erspürt das Mysterium und die anorganische Logik übersetzt das Erspürte in ihre Sprache. Wenn die organische Logik ihre tiefsten Tiefen, die letzten Gründe und die größte Entfaltungskraft erreicht hat, wird aus dem Erahnen Gewissheit und aus dem Vermuten Überzeugung. Ein neuer Glaube ist geboren. Zuerst in einem Geschöpf, dann in einer Gemeinschaft und schließlich in einem Volke."

*

„Jede Religion ist eine Deutung dieses Mysteriums. Diese ist abhängig von der Seele, also dem Wesen und dem Charakter eines Menschen, einer Gemeinschaft und eines Volkes. Insofern ist auch keine dieser Deutungen völlig falsch oder gar eine Lüge. Ebenso sind sie auch unwiderlegbar. Lediglich die Bilder und Gleichnisse der Phantasiewelt, die der Glaube hervorbringt, sind angreifbar, nicht jedoch die tief empfundene Deutung dieses Mysteriums. Eine

Götterwelt auf einem Berge, eine Wundertat oder eine Entstehungsgeschichte der Erde können widerlegt werden, nicht jedoch der aufrichtig und mit ganzer Seele empfundene Glaube an die Deutung dieses Mysteriums. Sobald ein Glaube nur noch in seiner Tradition lebt, hat er aufgehört, lebendiger Glaube zu sein. Das Grundgefühl der Deutung, welches der innerste Kern eines Glaubens ist und von Generation zu Generation weitergegeben wird, ist erloschen und kann durch keine Macht der Welt wieder zum Leben erweckt werden. Doch das Leben, die ewige Schöpfungskraft, wird immer wieder neue Deutungen dieses Mysteriums hervorbringen, die, je länger der Mensch auf dieser Erde lebt, immer tiefer gehen werden. Einst glaubte der Mensch an Götter, dann überwand er diesen Glauben und nahm nur noch einen Gott an und jetzt überwindet er auch Gott, um sich selbst als ein in der Formenwelt geteiltes Unendlicheiniges zum Schöpfer von Raum und Zeit zu erheben."

*

„Es gibt eine Hierarchie in der Weltenordnung, die von dem Schaffensgeist errichtet worden ist und der sich kein Geschöpf entziehen kann. Die

uns bekannte oberste Sprosse der Herrschafts-
leiter ist der Mensch, die unterste ist das
primitivste Geschöpf auf Erden. Sowohl nach
oben als auch nach unten gibt es jedoch keine
Grenzen. Jedes Geschöpf kann unendlich tief
fallen, sich jedoch auch unendlich hoch er-
heben. Je stärker eine Seele nach Macht und
Geist strebt, desto höher steigt sie auf dieser
Herrschaftsleiter. Je triebhafter, schwächer und
würdeloser sie sich zeigt, desto tiefer steigt sie
diese herab. Ein Tier ist höher als ein Baum, ein
Mensch ist höher als ein Tier, ein Mann ist höher
als eine Frau, ein Herr ist höher als ein Diener.
Alles Werden auf der Erde ist ein Streben der
Geschöpfe auf dieser Herrschaftsleiter."

*

„Der Schaffensgeist hat die Weltenordnung
geschaffen. Er ist die ordnende Kraft in der
Formenwelt des Universums. Je mehr Geist ein
Geschöpf besitzt, desto tiefer begreift er die von
ihm geschaffene Ordnung. Auch die Wissen-
schaft ist ein Teil dieses Begreifens, obgleich sie
sich nur auf die Formenwelt bezieht. Den tiefen
Sinn dieser Formenwelt, den Ursprung des
Lebens und die Bedeutung des Menschen

innerhalb dieser Formenwelt kann nur mittels der organischen Logik begriffen werden. Die Seele ist das Wesen, der Charakter, die Lebenskraft eines Geschöpfes. Der Geist gehört als ihr ordnendes Vermögen der Seele an. Der Geist eines Geschöpfes kann gebrochen werden und seine Seele kann erkranken, jedoch nur solange sie sich in einer Vereinigung mit einem Körper innerhalb der Formenwelt befinden. Wenn eine Seele zu ihrem Ursprung zurückkehrt, wird sie ebenso in ihren Zustand der Vollkommenheit zurückkehren. Der Ursprung allen Lebens, die Allseele ist unverletzbar und unsterblich. Wenn ein Geschöpf tötet, verändert es die Formenwelt des ewigen Schaffensgeistes und erfüllt seinen Willen. Der Tod eines Geschöpfes stellt allein in der Formenwelt etwas Endgültiges dar. Jeder Tod ist eine Erlösung einer Seele, die zu ihrem Ursprung zurückkehrt, bis sie eine neue Verbindung in der Formenwelt eingehen wird. Dies ist der ewige Kreislauf des Lebens. Eine Seele kann, solange sie eine Verbindung in der Formenwelt eingegangen ist, niemals den letzten Grund allen Seins begreifen. Sie kann nur aufgrund der Beschaffenheit und der Ordnung der Formenwelt auf den Willen des Schaffensgeistes schließen. Dieser Wille ist der Wille zur Macht. Das ist die unverkennbare Botschaft des Lebens. Alles Leben strebt nach Macht und die größte vorstellbare Macht ist die Macht eines Menschenfürsten mit gesundem Geist und gesundem Körper. Wenn die Seele nach der Loslösung von ihrem Körper zu ihrem Ursprung zurückkehrt, begreift sie den letzten Grund allen Seins, denn sie ist von der Fessel der körperlichen Welt befreit. Im Ursprung allen Lebens sind alle Seelen vereint und im vollen Bewusstsein ihrer selbst. Es ist ein Zustand ohne Raum und Zeit, ein grenzenloses Wissen und eine Unendlichkeit. Sobald der Mensch beginnt, diesem Mysterium eine Gestalt geben zu wollen, fängt er an zu lügen. Er lässt sich von seiner Sehnsucht, seinem Glauben Bilder zu geben, mitreißen. Niemand kann dieses Mysterium leugnen, doch wir sollten ihm keine Bilder geben. Wir können nur aufgrund der in unserem Leben wahrgenommenen Formenwelt auf den Willen dieses Mysteriums schließen und sollten, so gut wir können, diesen erfüllen. Doch lasst euch nicht von den vom Glauben Berauschten und Unwahrhaftigen zur Lüge verleiten.“

*

„Es gibt eine Rangordnung in der Qualität des Herrschens. Die höchste Form des Herrschens ist die eines Alleinherrschers an der Spitze eines Volkes. Deshalb folgt dem Sterne Julius Caesars. Ihn haben wir als ewiges Vorbild und Ziel vor Augen. Durch die Herrschaft des Besten eines Volkes wird jeder Untergebene erhöht. Nur der Beste kann einem Volk Größe und Ruhm verleihen. In der Unterwerfung unter dem Besten wird der eigene Trieb zur Herrschaft nicht geschmälert, sondern gestärkt. Indem der Einzelne sich der Herrschaft des Besten unterwirft und gehorcht, wird sein Trieb zur Herrschaft Höhen erreichen, die er ohne diesen niemals erreicht hätte. Nur wenige sind zum alleinigen Herrschen geboren. Für die meisten ist das Gehorchen lernen der beste Weg zum Herrschen."

*

„Tugend ist das Bindeglied des Menschen mit der Unendlichkeit. Durch sie ist er, auch wenn er körperlich sterblich ist, gewissermaßen unsterblich. Wenn er dieses Bindeglied aufgibt, gibt er auch sich selbst als unsterbliches Wesen auf. Er wird zu einem seelenlosen Geschöpf. Beide Geschlechter sind zu Tugenden fähig und spüren in sich den Impuls, tugendhaft sein zu wollen. Der Drang zur Tugend ist das Spüren der Unendlichkeit und die Sehnsucht über die Grenzen des Körperlichen hinaus mit ihr vereint zu sein. Tugend ist Liebe zur Unendlichkeit. Sie kennt keinen Nutzen, keine Vorteile und keine Grenzen. Wer sie anstrebt, tut dies nicht, um daraus für sich Vorteile zu ziehen, sondern um eine Ordnung aufrechtzuerhalten, die über den menschlichen Verhältnissen steht. Diese Ordnung gibt dem menschlichen Dasein nicht nur Sinn, sondern sie war bereits da, lange bevor die Menschen Teil dieser Erde wurden. Sie ist die Ordnung des ewigen Schaffensgeistes. Tugenden werden erkannt, indem man die Verhältnisse und Beziehung der Menschen zueinander betrachtet und daraus die Gesetzmäßigkeiten einer Ordnung herausliest. Diese Ordnung strebt nach einem Wohin. Es ist keine stillstehende Ordnung, sondern eine in ständiger Bewegung und Veränderung befindliche, die jedoch unveränderliche Größen in sich trägt. Diese Größen sind die Tragpfeiler dieser Ordnung und sie sind unzerstörbar und ewig. So wie die Weltordnung auf ihr steht, so befindet sich auch das menschliche Leben erst auf einem sicheren Fundament, wenn es ebenso Tugenden zu Tragpfeilern seiner Existenz gemacht hat. Das Streben nach

Tugend ist das höchste und edelste Begehren des Menschen, im Gegensatz zu dem Begehren der niederen Triebe. Wer nach Tugend strebt, überhebt sich damit über seine eigene Sterblichkeit und überwindet sie. Wer nach Tugend strebt, strebt nach Unsterblichkeit. Ich gebe euch vier Tugenden für den Mann und vier Tugenden für die Frau. Ihr Männer möget nach Weisheit, Tapferkeit, Mäßigung und Mitgefühl streben und eure Frauen nach Mütterlichkeit, Demut, Klugheit und Keuschheit. Dies sollen die Kardinaltugenden eures Volkes sein."

Das Zusammenwachsen der Bruderschaft

*

Hoch am Himmel stand die Sonne und ihre Strahlen erwärmten die Erde und das Wasser. Auch die Berge der Bruderschaft erwärmten ihre Strahlen und brachten dort das Blut Ignatius` und seiner Brüder zum Kochen. Und da sie keinen Schatten mehr finden konnten, der ihnen Linderung von dieser drückenden Hitze geboten hätte, beschlossen sie, die Berge hinabzusteigen und im Meer Abkühlung zu suchen. Als sie dieses endlich erreicht hatten, zogen sie ihre verschwitzten Gewänder aus und sprangen nackt in das kühle Wasser. Wie groß ward ihre Erleichterung und ihr Wohlgefühl, als sie, endlich von der quälenden Hitze befreit, ihre Leiber in das kalte Wasser tauchten. Wie Kinder rannten sie den ankommenden Wellen entgegen und stürzten sich auf sie, um von ihnen mitgerissen und unter Wasser getaucht zu werden. Und wie Kinder wurden sie des Spieles im Meere nicht müde und gedachten weder ihrer Erschöpfung noch der dahinschwindenden Zeit. So ließen sie die Wellen hinter sich und schwammen weit ins offene Meer hinaus, um ihre Kräfte zu messen und zu erproben, wer der beste Schwimmer von ihnen sei. Ignatius setzte sich indes auf den warmen Sand des Strandes und schaute seinen Brüdern nach, wie sie im unendlichen Blau des Meeres verschwanden. Und als er sie schon sehr lange nicht mehr gesehen hatte, erschien plötzlich ein schwarzer Schatten im Blau des Meeres. Immer größer wurde dieser Schatten und kurz darauf zeigten sich fünf weitere, die dem ersten zu folgen schienen. Und schon bald waren diese Schatten vom weißen Schaum des durch die Arme der Schwimmer aufgewirbelten Wassers umgeben. Immer deutlicher wurden ihre Umrisse und Ignatius bemühte sich zu erkennen, wer wohl als erster den Strand erreichen würde. Doch wie sehr er sich auch bemühte, seine alten Augen konnten keinen seiner Brüder erkennen. Erst als der Sieger erschöpft aus dem Wasser trat und voller Vorfreude auf das ihm gebührende Lob seinem Meister entgegenging, erkannte er, dass es Diego, der Krieger, war. Und so umarmte ihn Ignatius und schenkte ihm das ihm zustehende Lob und die verdiente Anerkennung. Voller Stolz brüstete sich Diego damit, als seine besiegten Brüder beschämt aus dem Meere kamen. Doch auch sie lobten ihn und nannten ihn ihren „Besten", denn keiner von ihnen konnte sich mit seiner Kraft messen. Und nachdem ihre Leiber von der Sonne getrocknet waren, kleideten sie sich an und legten sich in den Schatten eines Baumes, um gemeinsam die mitgebrachten Speisen zu verzehren und ihren Durst mit Wasser und Wein zu stillen. Lange lagen sie dort und weder Kummer noch Sorge beschwerten ihre Herzen. Da vergaßen sie die Zeit und erst als die hereinbrechende Abendröte sie an die nahende Nacht erinnerte, verließen sie ihr Lager und kehrten zu ihren Bergen zurück.

*

Eines Tages begab sich die Bruderschaft auf die Jagd, um einen großen Bären, den sie im Wald wussten, zu töten. Sie gürteten sich des Morgens, nahmen ihre Messer, Pfeile und Bögen und durchzogen den Wald, als sie ihn plötzlich fernab erblickten. Da verließ sie ihr Mut und Furcht nistete sich in ihre Herzen, denn es war ein großes Tier und die Erde bebte unter seinen Schritten. Und Ignatius ermahnte sie, ihren Mut nicht zu verlieren und ihrer eigenen Stärke eingedenk zu sein. Er vertrieb die Furcht aus ihren Herzen und gab ihnen ihren Mut zurück. So verteilten sie sich und schlichen sich lautlos an den Bären heran. Als sie nah genug an ihn herangekommen waren, sodass ihre Pfeile ihn erreichen konnten, verbargen sie sich hinter den

Bäumen, spannten ihre Bögen und entließen ihre Pfeile. Keiner verfehlte sein Ziel, doch auch keiner traf das Tier tödlich. Der Bär schrie ob seiner Schmerzen und seine wutentbrannten Augen suchten den Feind. Da erblickte er Ignatius und kam wie ein Sturm über ihn. „Was tust du mir an, Ignatius. Dankst du mir so die Dienste, die ich dir schon oft erwiesen habe?", schrie er im gerechten Zorn. „Ich habe dich immer für weise gehalten, doch dies war eine Torheit, die du mit deinem Leben bezahlen sollst." Und so bäumte er sich vor ihm auf und wollte ihm sein Leben nehmen. Doch ehe er seine Tatzen erheben konnte, stürzte sich die Bruderschaft auf ihn und begrub ihre Messer in seinen gewaltigen Leib. Da gab der Bär ein letztes Stöhnen von sich und verschied und seine Seele verließ seinen Körper. Ignatius trat an ihn heran und sprach die Worte: „Wir verbeugen uns vor deiner Größe und bitten dich um Verzeihung. Gewaltig bist du und keiner von uns hätte vermocht, dich allein zu töten. Doch gemeinsam haben wir dich überwunden und dein Fleisch wird unseren Hunger stillen und deine Haut unsere Körper wärmen. Möge deine Seele ihre Heimat finden und eins werden mit der ewigen Urkraft." Und so nahmen sie das Tier und brachten es heim, um es zu häuten, zu schlachten und sich an seinem Fleisch zu laben.

*

Der Abend kam und Ignatius saß mit seinen Brüdern bei dem wärmenden Feuer und gedachte der Erlebnisse des Tages. Und weil Ruhe über dieser Gemeinschaft thronte und keines Wortes Macht die Geister an sich zog, wendete Rodrigues, der Dichter, sein Angesicht in die Höhe und betrachtete die Gestirne am Himmel. Da öffnete er seinen Mund und sprach: „Meister ist es wahr, dass unsere Erde von Feuer umgeben ist und die leuchtenden Sterne nichts als Durchbrüche im Schutzschild der Erde sind? Was glaubst du, was die Sterne sind?" Als Ignatius vernahm, dass an ihn die Frage gerichtet war, riss er sich los von seinen Gedanken und antwortete dem Rodrigues: „Niemand vermag zu sagen, was und weshalb die Sterne sind. Alles, was die Menschen darüber sagen, sind Dichtungen und Träumereien. Auch ich könnte euch solche erzählen. Doch ich bin ein schlechter Dichter und ich möchte euren Geist nicht quälen. Meine Liebe gehört nicht der Dichtung, sondern der Weisheit, der nichts mehr missfällt, als

51

Dichtung für Wahrheit zu halten. Die Wahrheit erringt man nicht mit Phantasie und Versmaß, sondern mit einem aufrichtigen Drang nach Wissen und mit Beweisen. Die Neugierde und der Wille, die Natur verstehen zu können, dies sind die Impulse, die uns dereinst zur richtigen Antwort auf diese Frage führen werden." Da senkten die Brüder ihre Häupter zur Erde und ihre Geister in ein tiefes Sinnen und Rodrigues frug seinen Meister: „Aber wird das Volk uns nicht verlachen, wenn wir keine Antwort auf diese Frage geben? Alle Gelehrten haben doch eine Meinung dazu und dumm nennt man diese, die keine haben." „Hat man nicht auch den Thales von Milet als unnützen Träumer verlacht? Und doch hat er das Volk auch staunen gemacht, als er zu einem Wissen kam, das nur er besaß. Das Volk ist blind und schwankend und schenkt seine Gunst nach Belieben. Wer sich nach dem Pöbel richtet, ist wie ein Reisender auf einem Schiff ohne Steuermann. Niemand kann sagen, in welchen Hafen das Schiff am Ende einfahren wird. Deshalb sucht nicht den Beifall des Pöbels, sondern strebt nach Wissen, das auf dem festen Fundament von Beweisen ruht. Erlangt ihr dieses, wird das Volk euch folgen, wie die Hure dem

Geld. Meine Brüder, schafft euch eine Gemein-
schaft von Wissenssuchenden und reich wird
eure Ernte an Antworten sein. Doch verfallt nicht
dem Irrtum, ihr könntet alle Antworten ausgra-
ben. Der Berg an Fragen wird stets größer als
der Berg an Antworten sein. Ja, je mehr
Antworten ihr finden werdet, desto größer wird
auch der Berg an Fragen sein."

*

Die Sonne erhob sich und sie legte sich nieder.
Jeden Tag von neuem stand sie am Himmel und
warf ihren Goldregen auf die Erde nieder. Und
was sie nun in den Bergen erblickte, gefiel ihr
und so legte sie sich des Abends mit großer
Zuversicht nieder, um sich des Morgens mit
Freude und einer großen Erwartung zu erheben.
Denn in den Bergen wuchs eine Gemeinschaft
zusammen, die es wert war, erleuchtet und
gesehen zu werden. Eine Gemeinschaft, die den
Sklaven der niederen Triebe, den Sklaven des
Geldes, den Sklaven der Gier und den Sklaven
der Herde in sich tötete und den höheren
Menschen der Macht und der Weisheit in sich
wachsen ließ. Weder Pflicht noch Zwang hielt
diese Gemeinschaft zusammen, sondern die
Liebe zueinander und die Verwandtschaft ihrer

Seelen. Das große Schicksal schuf diese Gemeinschaft und sie sollte das Schwert des Menschenfürsten in die Welt tragen. Und so lebten sie miteinander, das Feld bearbeitend, ihren Garten pflegend und ihre Nahrung im Walde jagend und sammelnd. Doch nicht allein, um Jäger und Bauern zu werden, suchten sie die Einsamkeit, sondern um einen neuen Menschen hervorzubringen. So schauten sie die Natur und horchten auf das, was sie ihnen gebot. So lauschten sie den Worten ihres Meisters und ließen die Samen, die er ihnen zugedachte, in ihrem Geiste aufgehen. So lernten sie, Not und Drangsal zu ertragen, und erduldeten Hunger, Schmerz, Kälte und Schlaflosigkeit. So forderten sie sich gegenseitig heraus und maßen sich im Sport, in der Redekunst und in der Urteilsfähigkeit. Jeder von ihnen wollte der Beste sein, nicht um die anderen zu schmähen und zu erniedrigen, sondern um sich selbst zu erhöhen und zu wachsen. Kampf war diese Gemeinschaft, so wie auch das Leben selbst ein großer Kampf ist. Und der Sieg in diesem Kampfe sollte den Streitern nicht Gold und Lust, sondern Macht, Ruhm und Weisheit einbringen. Dies waren die Schätze, nach denen sich die Brüder verzehrten und eine große Sehnsucht trieb sie an. Es war die Sehnsucht nach einem neuen

Menschen, der aufrichtig, stolz und ehrlich durch das Leben geht, einem Menschen, der sich mit Mut und Stärke über seine Gegner erhebt, einem Menschen, der mit Weisheit die Natur und seinen Platz in ihr begreift und annimmt. Diese Sehnsucht spürte jeder in seinem und seines Bruders Herzen und so erfreuten sie sich, wenn ihnen ihr Meister des Abends von dieser Sehnsucht und wonach es ihr verlangte sprach:

Die dritte Offenbarung

*

„Was ist euer Wohin? Was ist euer Ziel? Was ist euch der Menschenfürst? Es ist erstens der Weg zur Macht, zur wahren Macht über alles Leben. Keine Macht im Dienste des Geldes. Keine Macht im Dienste niederer Bedürfnisse. Keine Macht in Knechtschaft zu einem Anderen. Nein, zur Macht, die allein in eurem Willen begründet liegt. Ihr selbst wollt herrschen und alles andere unter euch fühlen. Ihr wollt den Rausch der Macht, nicht die erkaufte Macht, nicht die erbettelte Macht, nicht die unwürdig errungene Macht, sondern die ehrenvolle und mit Ruhm verzierte Macht. Wer diese Macht in sich spürt, fragt nicht mehr: Wozu? Glück und Befriedigung liegen in ihr und nichts kommt ihr gleich. Sie ist das höchste Geschenk an den Menschen. Wer sie in sich trägt, bedarf nichts mehr. Er fühlt sich selbst erhoben und vollkommen. Legt euer Leben in die Waagschale und erringt diese Macht. Was ist das lange Leben der Schafe im Vergleich zu ihr. Lebt nur einen Tag mit ihr und ihr werdet spüren: Alles ewige Herdenleben ist wertlos dagegen. Es ist zweitens der Weg der Vergeistigung. Euer Geist wird eins mit dem Schaffensgeist. In ihm ist kein Tod und kein Ende. Ihr werdet Teil dieser Ewigkeit, ihr selbst seid diese Ewigkeit. In ihm endet alle Furcht und Ungewissheit, denn sein Geist wirkt im Unendlichen. So spürt auch ihr das Unendliche in euch und alle Ängste, Sinnlosigkeiten und Zweifel schwinden dahin. Euer Körper wird zum Werkzeug seines Geistes, der nun euer Wollen bestimmt. In der Einheit mit dem Schaffensgeist wird euer Geist euch auf Höhen führen, die bisher noch kein Mensch erklommen hat. Der Mensch hat bisher versucht, diese Höhen mit den Krücken von Gott und Göttern zu erklimmen und sie waren ihm gut zu Diensten dabei. Doch ihr erklimmt diese Höhen ohne Krücken. Welche Krücken sollte der bedürfen, der den unendlichen Schaffensgeist selbst in sich trägt, ja selbst dieser Geist ist? Ihr werdet den Menschen auf Höhen führen, von denen er noch gar nicht weiß, dass es sie überhaupt gibt. Der Weg dieser Vergeistigung führt zu den Höhen der Unsterblichkeit. Und es ist drittens der Weg der Weisheit und des Wissens. Alles Streben des Menschen nach Wissen ward bisher von Aberglauben, Ängsten und niederen Trieben gewürgt und erdrosselt worden. Wann war der Mensch jemals frei, um die Formenwelt, in die er geboren wurde, wahrhaft deuten und verstehen zu können? Alles was der Mensch bisher weiß, hat er nicht mit den

Überzeugungen der Menschen ans Licht gebracht, sondern trotz der Überzeugungen der Menschen. Jetzt ist die Stunde gekommen, wo ein Volk aus tiefster Überzeugung Wissen anstrebt. Und kein Aberglaube, keine Furcht, kein Geld und keine primitiven Instinkte hindern ihn bei diesem Streben, denn es ist das erste Volk, welches diese nicht kennt. Ohne Furcht, ohne Aberglaube und ohne Gier, jedoch mit Mut, Neugierde und Geist strebt es danach, die Formenwelt zu entschlüsseln und das Geheimnis des Universums zu enträtseln. Und kein Volk hat bisher einen solchen Weg angestrebt, auch in unseren Tagen nicht. Was hat diese Wissenschaft ohne Geist, ohne Respekt vor dem Leben, ohne einen höheren Glauben, in Knechtschaft zu Ideologien und Geld mit einem solchen gemein? Ihr Weg ist der Weg der Ausbeutung und der Zerstörung, doch unser Weg ist der Weg der Liebe zum Wissen. Meine Brüder, das ist euer Wohin. Das sind eure drei Wege zur Herrschaft des Menschenfürsten. Verlasst sie niemals und ihr werdet zu Schaffenden eines neuen Volkes, wie es noch nie dagewesen ist. Ein Volk, das herrschen und den Menschen zu seiner Bestimmung führen wird. Allein zu diesem Wohin geht euer ganzes Streben und nur dort erhält euer Leben seinen Sinn.

„Wie lange werden die Menschen noch wandeln auf den Flüssen der Sinnlosigkeit? Aus der Tiefe entspringen sie und greifen weit in die Erde aller Völker. Durch alle Länder ziehen sie sich, um am Ende in das große Meer der Sinnlosigkeit zu münden. So auch die Überflüssigen. Sie wandeln auf diesen Flüssen und wie lärmen sie dabei. Sie glauben, nur was sich durch Geschrei und Lärm ankündigt, ist für die Ewigkeit. Und so hämmern, schreien und wüten sie und schaffen immer Größeres auf ihren Schiffen, die den Himmel zu berühren trachten. Immer breiter werden die Flüsse und immer größer die Schiffe, die auf ihnen wandeln. Ihre Ufer fressen sich in die Erde und zwingen sie unter sich. Doch die Über- flüssigen frohlocken, denn auch sie dürfen wachsen und alles, was sie schaffen, mit ihnen. Die Erde bebt und zittert unter der Hand der Überflüssigen. Und wie mächtig fühlen sie sich, denn sie drücken der Mutter Erde ihren Stempel auf und ihr Angesicht wird zum Ausdruck ihres Willens. So wandeln sie wie ein Kolossos auf den breiten Flüssen der Sinnlosigkeit und wähnen, sie schafften für die Ewigkeit. Doch oh je, sie sehen nicht, wie alles fließt auf diesen Flüssen: die immer breiter werdenden Schiffe, die riesenhaften Türme und auch sie selbst: alles fließt in eine Richtung und mündet im großen Meer der Sinnlosigkeit. Dort endet all das Schaffen der Überflüssigen. Doch sie glauben, sie schafften für die Ewigkeit. Oh, diese Wahnsinnigen! Meine Brüder, nicht mehr lange werden sie wandeln auf den Flüssen der Sinnlosigkeit. Ihr habt die Schiffe der Überflüssigen verlassen und euren Fuß auf festen Boden gesetzt. Seht die Erde an, wie schön sie ist, und schwelgt in ihrer Ruhe, jetzt wo ihr die lärmenden Schiffe hinter euch gelassen habt. Ja, es ist noch genug der festen Erde, um Orte zu finden, wo weder Lärm noch Sinnlosigkeit herrschen. Schaut die Berge, meine Brüder, und lernt von ihnen, wie man für die Ewigkeit schafft. Erklimmt ihre Höhen und ihr werdet bald schauen, wie die Riesen der Überflüssigen in dem Meere der Sinnlosigkeit versinken werden."

*

„Meine Brüder, nicht alle Menschen sind gleich. Ihr, dir ihr die Lehre des Baumes in euren Herzen tragt, wisst das. Die Macht des Geldes macht die Menschen glauben, dass alle Menschen eine große Herde seien, die keinen Unterschied dulde. Aber das ist eine Lüge, denn sie will die Herde gleich, um ihre Macht zu vergrößern und alle Menschen unter sich zu halten. Eine Herde, das bedeutet: Keine Kriege, die die Macht des Geldes brechen könnten. Eine Herde, das bedeutet: Kein Wissen mehr von der wahren Herkunft, die in den Herzen Stolz, Ehre und Ruhmesdrang gebiert. Eine Herde, das bedeutet: Keinen Machtwillen mehr, der sich über den Anderen erheben will. Eine Herde, das bedeutet: Mehr Herdeninstinkt, da es die Bedrohung der Herdenwerte durch eine andere Herde nicht mehr gibt. Eine Herde, das bedeutet: Die Herabwürdigung des Menschen zu einem willenlosen und gebrochenen Sklaven: dem Konsummenschen. Ihr meine Brüder werdet nicht zu diesem Sklaven, denn euer Herz und euer Geist sind zu groß dafür. Ihr wisst von der Vielfalt der Völker. Ihr wisst von der Vielfalt der Arten und ihr wisst auch von der Vielfalt der Menschen. Der Mensch ist nicht gleich. Überall ist ein oben und ein unten, so auch unter den Menschen. Ihr seid höhere Menschen und so sucht ihr euch euresgleichen, auf dass ihr ein Volk werdet, dessen Macht sich über die anderen Völker und Herden erhebe. Ihr sollt ein Volk sein ohne innere Zwietracht mit einer gemeinsamen stolzen Herkunft und einem gemeinsamen Ziel. Eure Herkunft ist das Abendland und euer Ziel ist die Errichtung eines Weltreiches. Eines Weltreiches, das endlich die Vielfalt aller Völker dieser Erde zu einem

Reich vereint. Deshalb, meine Brüder, vermischt euch nicht und haltet euch rein. Wer könnte euren hohen Sinn im Herzen tragen? Und trüge er ihn, trüge er in so wie ihr? Bewahrt es also in eurem Geiste: Alles Vermischen der Völker gebiert Zwietracht, Uneinigkeit und Selbstzerfleischung. Ihr werdet zu einem neuen Volk und so ist die Auslese eure große Aufgabe. Sucht nicht die faulen, bitteren und überreifen Früchte, sondern sucht die süßen, reifen und im vollen Saft stehenden Früchte zusammen. Sucht nicht verschiedene fremdartige Früchte zusammen, sondern die besten Exemplare einer Frucht. Diese Frucht wächst allein im Abendland. Nur dort ist der höhere Mensch zu finden. Allein für ihn ist die Botschaft des Baumes, denn nur in seinem Geiste wurzelt er und einzig in seiner Seele strebt er empor. Nur er besitzt die Gesinnung, um sie zum Erblühen zu bringen und sie in die Welt zu tragen. Meine Brüder sucht euresgleichen und vermischt euch nicht. Ihr seid Abendländer und euer Glaube ist das Buch der Weisheit. So unterscheidet ihr euch von den anderen Menschen und Herden. Lasst sie nicht in eure Auslese, damit sie nicht verderbe und sinnlos werde. Haltet euch rein, sowohl im Geiste als auch in eurer Art und so werdet ihr einst zu den Herrschern der Erde."

„Wir sind Abendländer, dort sind unsere Wurzeln, dort wurde unsere Sehnsucht geboren, dort wurden wir zu Kriegern und dort wurde unser Glaube geboren. All das ist nun in uns, denn es wurde uns von unseren Vorfahren mitgegeben. Auch wenn wir die Meere überqueren und uns in fremden Ländern niederlassen, so bewahren wir es dennoch in unseren Herzen und geben es unseren Kindern weiter. Was wissen die anderen Völker davon? Sie haben ihre Sehnsüchte und ihren Glauben. Wie sollten ihre Wurzeln nach unseren greifen können? Wie sollte ihre Art des Denkens und Fühlens mit unserer eins werden können? Wie sollten Löwe und Panther zu einer Art werden können? Ihr seid die Löwen und als Löwen duldet ihr nur Löwen in eurer Mitte. Seid euch dessen bewusst und strebt nicht gierig nach Gleichgesinnten, sondern findet zuein- ander. Eure Sehnsucht lässt euch zueinander finden. Eure gemeinsamen Wurzeln streben zueinander. Eure gemeinsame Art zu denken läuft auf dasselbe Ziel zu. Seid also eine Gemeinschaft von Löwen und duldet keine Fremdlinge unter euch. Haltet euch rein und werdet ein Körper ohne Zwietracht mit einem gemeinsamen Ziel: dem Menschenfürsten.“

*

„Jede neue Lehre hat ihre Vorboten, die lange bevor sie in die Welt tritt, erscheinen und wirken. Sie sind gewissermaßen das Woher dieser Lehre. Mein Vorbote ist Herakleitos von Ephesos und er ist die Wurzel eines mächtigen Baumes, des Baumes der Weisheit. Ihr, meine Brüder, ihr sollt Früchte dieses Baumes werden, die das Wort zur Tat werden lassen. Und glorreich wird eure Herrschaft sein, so ihr wachsam seid und, niemals die große Pflicht vergessend, eurer Bestimmung treu bleibt. Doch obgleich auch Zarathustras Lehre ein mächtiger Ast dieses Weisheitsbaumes ist, so finden sich dort zwei Wege, die wir nicht beschreiten. Der erste Weg ist die Lehre von der sterblichen Seele. Dieser Weg ist der gefährlichste, denn am Ende von ihm liegt der dunkle Abgrund der Sinnlosigkeit. Wer einmal in diesen gestürzt ist, wird verloren sein und tiefe Nacht wird seinen Geist umgeben. Hütet euch vor diesem Weg und meidet ihn wie eine Pest. Verschließt auch eure Ohren vor dem Gesang der Sirenen, der euch zu ihm hinlockt. Und sucht auch nicht den Kampf mit ihnen, weder werdet ihr sie zum Schweigen bringen, noch könnt ihr sie vernichten. Haltet euch fern von diesem Weg und seinem Lockruf und ihr werdet durch ihn keinen Schaden erleiden. Der zweite Weg ist der Weg des kalten Herzens und der Ablehnung des Mitleids. Das Mitleid, meine Brüder, ist eines der gewaltigsten Errungenschaften des Menschen. Auch wenn wir Raubtiere sind, so sind wir doch Raubtiere mit Geist. Euer Geist ist ein erkennender Geist und er erkennt die Liebe in der ewigeinigen Schaffenskraft. Seid euch dieser Liebe bewusst und trachtet nicht danach, sie in euch zu töten. Auch wenn ihr als Raubtiere eure Feinde bekämpfen und vernichten sollt, so sollt ihr auch nachsichtig sein, wenn sie sich euch unter-werfen. Nährt in euch den Hass gegen die Vernichter der Erde, doch geht niemals der Liebe zum Menschen verlustig, auf dass ihr nicht zu Bestien ohne Herz werdet. Denn steht ihr am Ende nicht für die Liebe zum Menschen und seine Befreiung aus der Sklaverei auf? Diese Irrwege Zarathustras meidet also meine Brüder, doch bewahrt seine Lehre in euren Herzen. Herakleitos gab uns die höhere Wahrheit des Lebens, doch Zarathustra gab uns die Lehre vom neuen Menschen. Beider Lehren sind Schild und Rüstung des kommenden Menschenfürsten, dazu geschaffen, um den Abendländer aus der Sklaverei zu befreien. Meine Lehre soll ihm ein Schwert sein."

*

„Meine Brüder, hasst die Hure Staat. Sie ist unrein und alles, was in ihr lebt, wird ebenso unrein. Sie ist eine Krankheit und alles, was sie berührt, wird ebenso krank. Sie ist eine Verführerin und ihr großer Wille ist die Versklavung des Menschen. Flieht diese Verführerin, auf dass ihr frei und wieder Menschen werdet. Denn die Hure Staat duldet keinen Menschen, sie will nur eine Herde. Doch ihr, die ihr keine Herdentiere, sondern Raubtiere seid, flieht diese Hure und sucht euch eure Höhlen, die euer Refugium sein sollen, in denen ihr und eure Kinder eurer Natur gemäß leben könnt. Dort sollt ihr wachsen und euch vermehren, um eines Tages als ein neues Volk hervorzugehen und euch die Herden zu unterwerfen. Viele tausende Höhlen gibt es und ihr sollt sie mit Leben erfüllen. Macht sie zu eurem Eigentum mit allem, was ihr habt, und lebt dort bis zur Geburtsstunde eures neuen Volkes. Seid meiner Lehre eingedenk, denn sie ist das Band, das euch vereint und euch verschwistert. Jeder, der diese Lehre annimmt, wird zu eurem Bruder, dem ihr durch einen heiligen Bund verpflichtet seid. Haltet diesen Bund und gebt euren Glauben euren Kindern, auf dass er wachse und gedeihe. Flieht die große Hure und ihre Forderungen. Tut ihr nichts, was sie in ihrer

Krankheit und Verderbtheit größer und mächtiger werden ließe. Tut ihr alles, was sie vernichtet! Wonach dürstet sie am meisten? Wonach verlangt sie am stärksten? Geld ist ihr Lebensblut und so soll sie ausbluten, sie soll geschächtet werden. Meine Brüder, flieht die Hure Staat."

*

„Die Herde sucht das Wohlsein. Nichts behagt ihr so sehr, wie auf der Weide sinnlos dahin zu vegetieren. Doch eines hindert sie daran und sie fürchtet es, weil es ihr Unwohlsein bereitet: der Schmerz. „„Der Schmerz ist die größte Geißel des Lebens und seine größte Demütigung. Befreit das Leben vom Schmerz und es wird frei und herrlich sein."" So spricht die Herde und alles in ihr will die Vernichtung des Schmerzes. Er ist ihr unerträglich. Oh, wie ist die Herde sich wieder einig, sie kann und will dieses Unwohlsein nicht hinnehmen. Doch was ist der Schmerz? Weshalb quält er das Leben? Wie kommt er zu diesem Recht? Ja, es ist sein Recht, das Leben zu quälen, denn er ist ein Erzieher. Er ist der große Zuchtmeister und Züchtiger des Lebens. Was ist das Leben ohne ihn? Eine sinnlose Herde von Überflüssigen. Deshalb beugt euch diesem großen Zuchtmeister, denn er macht euch erst zu Menschen und des Lebens würdig. Das Leben ist ein Geschenk, doch nur für den, der es zu nehmen weiß. Beugt euch dem Schmerz und ertragt ihn. Er macht euch zu Kriegern und zwingt euch zu kämpfen, auch wenn ihr diesen Kampf überhaupt nicht wollt. Beugt euch dem Schmerz und ertragt seine Zucht, denn sie macht euch zum Manne und lehrt euch, das Leben zu lieben. Ertragt seine Pein und ihr werdet aus ihr immer wieder neu geboren werden. „"Unerträglich ist der Schmerz und er macht uns krank'"", spricht die Herde. Doch nicht er ist unerträglich, sondern ihre Erbärmlichkeit und Schwächlichkeit. Unwürdig sind sie des Lebens und unwürdig auch der Schule des Lebens. Wer letzteres nicht besteht, wird ersteres niemals erlernen. Das ist meine Weisheit, die ich euch gebe, meine Brüder. Geht durch die Schule des Lebens und ertragt den Zuchtmeister des Lebens. Beugt euch vor seiner Weisheit und zweifelt sie niemals an. Nehmt den Schmerz an, denn er ist euer strengster Lehrmeister. Er führt euch an eure Grenzen und zeigt euch auf, wozu ihr fähig seid. Seid stark, meine Brüder, und wenn ihr ihn nicht mehr ertragen könnt, so erlöst euch selbst. Denn euer erster Grundsatz ist es nicht, am Leben zu bleiben, koste es, was es wolle, sondern euer erster

Grundsatz ist es; am Leben zu bleiben, solange ihr es in Würde und in Liebe zum Leben könnt."

*

„Viele Völker hat es gegeben und viele wird es noch geben. Doch eines ward auserwählt, die Geschicke vieler Völker zu bestimmen. Ein Volk hat den tiefsten Blick ins Leben gewagt und ihm deshalb seine tiefste Deutung gegeben. Das Leben als eine Schöpfung eines liebenden Gottes. Eines Gottes, der die Menschen liebt und sie zu den Herrschern der Erde macht. Eines Gottes, der mit den Menschen leidet und an ihnen auch verzweifeln kann. Welches Volk hat dergleichen hervorgebracht? Nur ein Volk besaß das Genie zu einer solchen Deutung. Niemand konnte sich einer solchen Deutung entziehen. So viele Völker waren ergriffen davon und so nahmen sie sie an, als die größte Weisheit, die je den Menschen offenbart wurde. Und sie ist eine seiner größten Weisheiten geblieben bis auf den heutigen Tag, als sie sein größter Irrtum wurde. Bis auf den Tag, als der Mensch erkannte, dass er selbst dieser Gott ist und das Leben damit eine noch tiefere Deutung erhielt. Das Leben selbst als die unendlicheinige Schöpfungskraft. Das Leben selbst als der Wille zur Macht. Das Leben als eine nie endende Kraft des Schaffen-

69

Wollens und der unendlichen Liebe. Eine Kraft, die nicht im Teufel oder dem Bösen, sondern in der Materie und dem Sterblichen seinen Gegensatz erfährt. Diese Deutung des Lebens ist eine, die sich unweigerlich aus dem sich Überleben der bisher gegoltenen Deutung ergibt. Sie ist mithin eine Folge davon und sie wäre ohne diese niemals in das Bewusstsein der Menschen gelangt. Nehmt nun diese Deutung des Lebens als eure größte Weisheit an und preist die Wege, die zu ihr führten. Denn nicht nur Wahrheiten führen zur Erkenntnis, sondern auch Irrtümer. Seid ihres Wertes eingedenk und vergesst niemals die Wege, die zu eurem Glauben führten. Bewerft sie nicht mit Spott und Hohn und schaut nicht voll Hochmut auf sie nieder, denn es sind die Wege, auf denen auch ich wandelte, um euch meine Lehre bringen zu können."

Der Besuch in Manresa

*

An einem schönen Sommertage begaben sich Ignatius und seine Brüder in die Stadt nach Manresa, um einzulösen, was sie kunstvoll angefertigt, und dafür zu erhalten, was sie in den Bergen bedurften. So näherten sie sich dem Marktplatz und der Lärm schmerzte in ihren Ohren, denn sie liebten die Ruhe des Waldes und hatten sich an diese gewöhnt. Als sie ihn erreicht hatten, stand dort ein großer Menschenhaufe, durch den sie schreiten mussten, da er den Weg versperrte. So schritten sie also durch das Volk und diese wendeten ihre Köpfe und schauten Ignatius und seine Brüder mit Erstaunen an. „Bei Gott und allen Heiligen, wo hast du die denn eingefangen? Schon oft kamst du zu uns, doch nie in Gesellschaft. Glaubten wir doch, sie sei dir zuwider und etwas Abscheuliches für dich. Und nun erscheinst du mit denen da. Ist dir etwa kalt geworden so allein im Bett? Oder drückt dich die Angst der Einsamkeit? Sag uns Ignatius! Wer sind diese Burschen?" So lachten und spotteten sie und stellten sich ihnen in den Weg. Da zogen seine Brüder ihre Schwerter und umschlossen ihren Meister, um ihn vor dem Volke zu schützen. Dieses erschrak sehr und wich zurück. Und Diego, der Krieger, Schritt auf ihren Rädelsführer zu und sprach zu ihm: „Wer unseren Meister spottet, spottet auch uns und muss dafür bezahlen. Wir sind keine Franziskaner und uns verlangt es nicht nach eurer Liebe. Wir sehnen uns nach eurer Wut, denn unser Verlangen ist der Wettstreit. So tritt hervor und zeige mir, ob du ein ebenso guter Kämpfer wie Spötter bist." Da ergriff der Rädelsführer sein Schwert und stürzte sich wutentbrannt auf Diego, den Krieger. Und so kämpften sie und keiner von beiden wollte weichen und sich dem Gegner ergeben. Voll Tapferkeit schlugen sie aufeinander ein, doch schließlich beugte sich ein Wille vor der Macht des anderen und Diego stieß sein Schwert in den Leib des Gegners. Kraftlos ging er zu Boden und er spürte, dass er sterben müsse. Da ergriff ihn die Angst und mit seinen letzten Atemzügen klagte er: „So geht mein Leben zu Ende und obgleich ich keinen Lohn und keine Freude für all das erlittene Leid erhalten habe, stößt du mich nun in das Nichts." Und so verschied er. „Teuer ist dir dein Spott geworden, denn mit deinem Leben hast du ihn bezahlen müssen. Doch wie mir scheint, ist es dir wohl eher eine Erlösung gewesen. Aber dies rufe ich deiner davoneilenden Seele noch nach: Nicht ins Nichts, sondern in die Ewigkeit fällst du." Und er flüsterte ihm ins tote Ohr:

„Das Leben fließt in einem fort
Strebt hin zu seinem Bestimmungsort.
Von wo es kam, dort geht es hin:
Dies ist des Lebens tiefer Sinn."

Da erschrak das Volk, denn sie sahen ihren besten Kämpfer im Staube liegen und sie wunderten sich, wer dieser Krieger sei. Doch als sie ihr Erstaunen verdaut hatten, hoben sie einen großen Jubel an und riefen „Lasst uns diesen Mann zu unserem neuen Anführer wählen. Er ist stärker als wir alle und wer sollte uns mit einem solchen Anführer besiegen können?" Und das Volk umringte den Diego und bejubelte ihn. Doch er tat sein Schwert in die Scheide und sprach zu dem Volk: „Ich könnte wohl euer Anführer sein, doch könntet ihr auch meine Gefährten sein? Wisst ihr denn, wohin ich euch führte? Glaubt mir, dieser Weg ist zu steinig für euch und seine Luft zu dünn. Weder habt ihr die Beine noch die Lungen für ihn." Und so verließen sie dieses Volk, welches ihnen den Weg freimachte und ihnen verwundert nachschaute.

*

Nachdem Ignatius und seine Bruderschaft ihren Handel vollendet hatten und nun bei sich trugen, was sie begehrten, durchquerten sie abermals den Marktplatz. Und sie sahen dort einige Kinder, die sich zwischen den Ständen eines Balles erfreuten und dabei lärmten und schrien. Da ergrimmten die Händler, schlugen die Kinder und vertrieben sie, denn sie fürchteten um ihre Einnahmen. Und Ignatius sprach zu seinen Brüdern „Oh wehe, diese Gierigen! Die Gier hat sie zu Sklaven des Geldes gemacht und die Gier lässt sie ihre Kinder schlagen. Ihre Herzen sind krank und dunkel sind die Abgründe ihrer Seele. Liebe wirst du dort nicht finden, nicht einmal die Liebe zu den eigenen Kindern." Und Ignatius ward zornig, denn er liebte die Kinder und es schmerzte ihn, so man ihnen Leid zufügte. Und als sie den Marktplatz verlassen hatten, erschienen die Kinder und zogen Ignatius in ihre Mitte, damit er teilhabe an ihrem Spiele. Da freute sich Ignatius und er fühlte, wie seine Seele sich verjüngte und sein Herz in seiner Brust sprang. Seine Brüder schauten ihn verwundert an und sprachen untereinander „Seltsam, dass dieser alte Mann so zum Kinde werden kann."

Und als Ignatius zu seinen Brüdern zurück-
gekehrt war, nahm er sie bei den Händen und
sagte ihnen: „Haltet das Kind in euren Herzen
lebendig. Lasst es euch niemals vom Ernst und
der Not des Lebens von dort vertreiben. Schreitet
wie Kinder durch das Leben und wie Kindern
wird euch das Leben gehören."

*

So verließen sie die Stadt und die Bruderschaft
gedachte der Worte ihres Meisters, als sie eine
Kirche erblickten, in welche viele Menschen
gingen, um dort zu beten. Ihre Gesichter zeugten
von ihrem erlittenen Leid und ihrer Hoffnung, von
diesem erlöst zu werden. Sie trugen ihre
schönsten Gewänder an ihren Leibern und in
ihren Herzen Demut und Ehrfurcht. Da erhob
Ignatius seine Stimme und sprach: „Seht mir
doch diese Blinden an. Sie tragen ihre Leiden zu
einem Gotte, damit er sie davon erlöse. Und
obgleich noch keiner von ihnen sein Leid in
diesem Hause lassen konnte, strömen sie immer
wieder dorthin. Ja, sie ließen davon bis ans Ende
ihrer Tage nicht ab, wenn ihnen nicht einer die
Augen auftäte." Da erhoben die Brüder ein

großes Gelächter und spotteten der Menschen, die in die Kirche strömten. Und einige sagten sogar: „Lasst uns hingehen und ihre Kirche anzünden, auf dass die Flammen ihre Augen sehend machen mögen." Doch Ignatius gebot ihnen Einhalt und ermahnte sie: „Tut dies nicht meine Brüder und spottet ihrer nicht. Wollt ihr der Menschen spotten ob ihrer Krankheit? So seid ihr nicht besser als die Händler und Geld-verleiher, die Krankheit und Gier in ihre Herzen pflanzen und sodann voll Hochmut auf diese herabblicken. Achtet ihren Glauben, auch wenn ihr seinen Irrtum erkennt. Der Tag wird kommen, an dem sie ihn ebenso erkennen und als Sehende selbst diese Kirche einreißen werden." Da ließen sie ihren Spott fahren und ihre Gesichter verfinsterten sich und ein großer Zweifel tobte in ihren Herzen. Und Nicolas, der Arzt, trat zu seinem Meister und frug ihn: „Wann Meister sollte das sein? Seit Ewigkeiten gehen sie dorthin und sie töten jeden, der auch nur einen seiner Steine verrückt. Ihre eigenen Kinder gäben sie hin für ihren Gott. Wie sollten sie jemals willens sein, ihre Kirche selbst ein-zureißen?" Und Ignatius nahm seine Hände, legte sie sanft in seine eigenen und lächelte ihn freundlich an. „Dies mein Bruder ist die Macht der Einsicht. Was vermag sie nicht? Hast du nicht auch Frau und Kinder verlassen und bist mir gefolgt? Und hast nicht auch du alles verworfen, woran du ehemals geglaubt hattest? Weshalb tatest du das? Die Einsicht ist wie ein Funke, der auf den Geist übergeht und dort ein großes Feuer entfacht. Nichts wird so sein, wie es einmal war, wenn das große Feuer vorüber ist. Wird dieses Feuer vor Irrtümern, Aberglaube und Krankheit haltmachen? Mitnichten, es vernichtet alles, um einen neuen Geist zur großen Erleuchtung zu führen. Die Einsicht ist das Tor zur Erleuchtung." Da küsste der Nicolas die Hände seines Meisters und der Zweifel fiel wie ein Stein aus seinem Herzen, denn er erkannte die Wahrheit seiner Worte. So verließen sie diesen Ort und kehrten zurück in ihre Berge. Und als sie ihres Weges gingen, sangen sie gemeinsam:

„Des Menschen Leib so kostbar ihm,
Was ist in Wahrheit sein Verdienst?
Sobald sein erster Schrei getan,
Sich Tod und Ende ihm schon nah'n.

Und dennoch klammert sich sein Herz
Mit einer Inbrunst wie aus Erz
An diese vorbestimmte Endlichkeit
Und wünscht sie sich in Ewigkeit.

Doch ewig ist kein Menschenleben,
Es wird genommen und es wird gegeben.
Ewig allein ist die Schaffenskraft
Die immer wieder Neues schafft."

*

Schnee fiel aus den Wolken und der Winter kam
und legte seinen weißen Mantel über die Berge.
Da verschwanden alle Farben unter einem alles
bedeckenden Weiß. Als Ignatius des Morgens
aus dem Hause trat, freute sich sein Herz und er
sprach zu seinen Brüdern: „Seht euch diese
Schönheit an. Gestern zeigte sich noch alles in
voller Farbenpracht und heute ist alles weiß. Und
wie vollkommen ist dieses Weiß. Selbst der
geschickteste Maler bekäme es nicht auf seine
Leinwand. Doch die Natur lässt dieses Weiß aus
den Wolken fallen und uns voll Ehrfurcht vor ihm
stehen." Da erfreuten sich auch seine Brüder
dieses Anblickes und sie eilten hinaus, um sich in
den Schnee zu werfen, ihn mit den Händen zu

greifen und sich zuzuwerfen. Nachdem sie Ihr Spiel genossen hatten, setzten sie sich auf den Boden und ergötzen sich noch einmal dieses schönen Anblickes. Da erhob Rodrigues, der Dichter, seine Stimme und sprach: „Wie oft habe ich schon versucht, diesen Anblick in Worte zu fassen. Und wie sehr ich mich auch bemühte und selbst in meinen besten Stunden wollte es mir nicht gelingen, ein Gefühl hervorzurufen, das meinem jetzigen gleichkäme. Es ist eben immer nur ein Sehnen und Wollen, erreichen werden wir die Natur nie." Und Ignatius trat zu seinen Brüdern, legte einen schwarzen Holzscheit in ihre Mitte und setzte sich zu ihnen. „Schaut diesen Gegensatz meine Brüder und bewahrt ihn in eurem Geiste. Überall in der Natur werdet ihr ihn wiederfinden. Begreift seinen Sinn und ihr werdet euch selbst begreifen." Und so schauten sie auf das tiefe Schwarz des Holzscheites, eingebettet in das Weiß des Schnees, und sannen über die Worte Ignatius`.

*

Eines Tages wanderte Ignatius im Walde, lauschte dem Gesang der Vögel und erfreute sich seines Geistes. Da kam ein Sturm auf und weil es nirgendwo eine Zuflucht gab, suchte Ignatius eine Höhle, die ihm Schutz geboten hätte. Da erblickte er einen Baumstamm, der sich wie eine Rose zu öffnen schien und einen Hohlraum zeigte, der groß genug war, dass er Ignatius Schutz geben konnte. So setzte er sich in das Innere dieses Baumes. Und da der Wind kalte Luft brachte, hüllte sich Ignatius in sein Gewand, lehnte seinen ermüdeten Körper an einem Vorsprung im Baume und schlief ein. Da träumte er, dass er wie ein Vogel aus dem Baum herausflog und seine Flügel kräftig schlug, um über den Wipfeln der Bäume zu fliegen. Er erreichte den Himmel und schaute auf den Wald hinab. Und er erblickte in der Ferne einen unendlich großen Vogelschwarm. Alle diese Vögel schienen wie ein Körper zu fliegen und näherten sich ihm mit großer Geschwindigkeit. Voll Freude wollte er dem Schwarm entgegen-fliegen, doch er selbst wurde von ihm wie von einem Magneten an sich gezogen. Er wurde ein Teil von ihm und die Grenzen seines Körpers verschwanden, um in die Unendlichkeit des Vogelschwarmes einzufließen. Schon bald sah er über die Grenzen des Waldes hinaus und auch über die Grenzen des Meeres und schließlich über die Grenzen der Erde. Es gab für ihn keine

Grenzen mehr, sondern nur einen unendlich großen Raum. Nichts in diesem Raum blieb ihm verborgen und jeder Gegensatz in ihm ward aufgelöst. Niemals vorher hatte er sich so vollkommen gefühlt. Doch plötzlich fiel er aus dem Vogelschwarm heraus und fiel in die Tiefe, so tief, wie er noch nie gefallen war. Er versuchte verzweifelt mit seinen Krallen und seinen Flügeln das Fallen aufzuhalten, doch vergebens. Er fiel immer tiefer und immer schneller und erwachte schließlich im Inneren des Baumes. Der Sturm hatte sich gelegt und die Sonne schien durch die Bäume. Da sprach Ignatius zu dem Baum: „Du warst mir ein guter Gastgeber alter Baum. Selten kam mir ein Obdach so gelegen. Diese Hilfe werde ich dir nicht vergessen und so du einen Wunsch hast, werde ich ihn dir gerne erfüllen." Da sprach der Baum zu ihm: „Viele hundert Jahre stehe ich hier schon und unzählige Menschen haben bereits Zuflucht bei mir gefunden. Und diesen Traum, den ich dir gegeben habe, habe ich auch all diesen Menschen gegeben. Doch niemand konnte ihn bisher deuten, so oft ich auch darum bat. Niemandes Geist ist bisher tief genug gewesen und niemandes Bestimmung ist es bisher gewesen, mir dies zu tun. Kannst du mir diesen Wunsch erfüllen?" Da verbeugte sich Ignatius vor dem Baume und deutete ihm den

Traum. Und als der Baum zum ersten Male seinen Traum richtig gedeutet vernahm, überkam ihn eine große Freude. „Endlich bist du erschienen und endlich hat meine Bestimmung ihre Vollendung gefunden. Du hast soeben deine erste Erleuchtung erfahren. Denn dein Schicksal und meines sind nun zu einem geworden. Du wirst durch mich, wie ich durch dich Erlösung finden und gemeinsam werden wir in unsere Heimat zurückkehren. Wisse, mein Freund, dass ich Arborignis dein Schicksalsbaum bin." Und so verließ Ignatius diesen Baum, um seinen Brüdern von ihm zu berichten und was ihm dort widerfahren sei. Und des Abends saßen Ignatius und seine Brüder ihrer Gewohnheit gemäß um das Feuer herum und labten sich an ihrer Speise. Und als sie ihren Hunger und Durst gestillt hatten, erhob Ignatius seine Stimme und sprach:

Die vierte Offenbarung

*

„Unser erstes und wichtigstes Bestreben kann es nur sein, einen neuen Adel hervorzubringen. Nur ein solcher Adel kann die Werte ins Leben rufen, die ein Volk bilden und geistig zusammenhalten. Dieser Adel strebt zuallererst nach Macht. Der Wille zur Macht ist sein Glaubensbekenntnis und seine große Sehnsucht ist der Menschenfürst. Doch nach welchen Werten soll dieser Mensch leben? Was ist für ihn gut und was ist für ihn schlecht? Welche Moral besitzt er? Es ist eine Herrenmoral. Gut ist für ihn alles, was im Einklang mit dem Geiste der Urkraft seine Macht erhöht. Schlecht ist alles, was diese Macht verringert. Diese Macht ist nur zu erreichen, wenn alle Bereiche seines Lebens einer Ordnung unterworfen sind. Es ist die Ordnung des höheren Menschen, die vor allem durch Zucht und Züchtigung erreicht wird. Sie beginnt mit der Geburt des Menschen und endet mit seinem Tode. Sie ist vom Geiste der Urkraft getragen und daher unveränderbar. Jeder einzelne hat sich ihr zu unterwerfen. Diese Ordnung bestimmt alle Bereiche des Lebens."

*

„Die Erziehung kann nur darin ihren Sinn haben, dass sie die Jungen zu kampfeslustigen Männern und die Mädchen zu liebenden Müttern macht. Alles andere ist gegen den Geist der Urkraft. Von Anfang an wird ihnen gezeigt, dass Mann und Frau nicht von gleicher Art sind, dass sie gegensätzliche Bestimmungen haben. Der Mann ist vor allem Krieger, die Frau ist vor allem Mutter. Die Kinder haben ihre Eltern zu ehren und zu lieben. Wenn ein Kind seinen Vater oder seine Mutter beleidigt oder ihnen ungehorsam ist, sollen sie mit Schande behaftet sein. Den Eltern sei alle Macht gegeben, um sie im Gehorsam und an Leib und Seele wohlgestaltet heranzuziehen. Sie sind ihr Eigentum und sollen es bleiben, bis sie als Mann oder Frau das Haus verlassen. Doch auch die Eltern sollen ihre Kinder lieben, so wie auch der Schaffensgeist seine Schöpfung liebt. Wer sein Kind aus kranker Veranlagung missbraucht, ihm Leid zufügt oder gar tötet, soll selbst des Todes sein. Auch wenn das Kind ihr Eigentum ist, so ist es doch zuerst ein Geschöpf des ewigen Schaffensgeistes. Es gibt auf der Erde kein erhaberenes, schöneres und tieferes Schauspiel als das Heranreifen von Seele und Geist in einem Körper. Wer das nicht begreift, kann der überhaupt Mensch oder gar höherer Mensch genannt werden? Liebt eure Kinder, so wie ihr euch selbst liebt, denn sie sind eure Schöpfung und ein Teil von euch selbst."

*

„Mann und Frau haben sich vereint, um gemeinsam Schaffende zu sein. Dieser Bund ist heilig und unantastbar. Wer ihn zerstört oder danach trachtet, ist des Todes. Niemand kann dieses Band zerreißen, wenn zwei Seelen zueinander gefunden haben, um zu einem zu werden, auf dass sie neues Leben schaffen. Dieser Bund kann nur gehalten werden, wenn er vom Geiste der Urkraft getragen ist. Dieser Geist selbst stellt den Mann über die Frau und verpflichtet sie zu Gehorsam, Liebe und Treue, so wie er den Mann zur Herrschaft, Liebe und Treue verpflichtet. Der Mann ist das Oberhaupt der Familie und trägt damit die Verantwortung für die Familie. Alles, was er tut, geschieht zum Wohle der Familie. Er wird stets den Rat seiner Frau suchen, doch entscheiden muss er selbst. Eine Frau, die sich über den Mann und ein Mann der sich unter eine Frau stellt, ist eine Widernatur und soll mit Schande überhäuft werden. Solches ist unserer Gemeinschaft unwürdig."

„Einst sagte man euch, was in den Körper komme, könne nicht schlecht sein, sondern nur, was aus ihm herausgehe. Doch ich sage euch, euer Körper ist euer Tempel und nichts Unreines darf ihn entweihen. So darf auch eure Nahrung nicht unwürdig sein. Alles was die Erde gibt, sowohl an den Bäumen als auch auf den Feldern oder von den Tieren ist dieses Tempels würdig. Was kümmert sich der Tempel um die Hufe der Tiere? Alles was ihn erstrahlen und prachtvoll erscheinen lässt, ist auch eine würdige Gabe. Doch wenn dieser Gabe Unreines beigefügt ist, von Menschenhand und nicht von der Natur gemacht, so ist sie nicht würdig. Wenn diese Gabe von Tieren ist, denen Leid zugefügt worden ist, so ist sie nicht würdig. Wenn diese Gabe die Sinne betäubt und die Menschen zum Tier werden lässt, so ist sie nicht würdig. Wenn diese Gabe dem Tempel Schaden zufügt, sodass er droht einzustürzen, so ist sie nicht würdig. Wie ihr eure Seelen liebt, die unsterblich sind, so liebt auch euren Tempel, der zum Ruhme und zur Ehre des allmächtigen Schaffensgeistes errichtet worden ist."

*

„Haltet euren Tempel von innen rein, doch lasst

ihn auch von außen erstrahlen, auf dass die Menschen, die ihn erblicken, mit Ehrfurcht und Bewunderung vor ihm stehen mögen. Lasst eure Frauen ihr Haar lang und unbedeckt tragen, denn nicht ohne Grund ist es ihnen gegeben. Es ist ihr schönster Schmuck. Wenn sie ihr Haus verlassen, so mögen sie nur so viel Haut zeigen, dass keines Mannes Blut in Wallung gerate. Einzig ihr Haupt und ihre Arme mögen unbedeckt sein. Männerkleidung soll ihr zur Schande gereichen. Sie sollen sich schamhaft, jedoch nicht gleichgültig kleiden. Und ihr Männer tragt euer Haupthaar kurz und eure Bärte lang, daran möge man erkennen, dass ihr Kinder des Weisheitsbaumes seid. Wenn ihr euer Haus verlasst, so bedeckt eure Scham und zeigt auch ihr nicht mehr Haut, als es der Würde eures Tempels zukommt. Kleidet euch nicht wie die Weiber, welche eure Edelsteine sind, sondern wie Herren, die dieser Edelsteine würdig sind. Eure Kleidung soll im Geiste eurer Gesinnung sein."

*

„Mann und Frau, das ist wie Lieben und Hassen, Freude und Trauer, Leben und Tod. Das ist ein Gegensatz, der sich niemals auflösen lässt. Wie könnten sie jemals gleich sein? Ein Narr, der das für mich möglich hielte. Ihr Männer und Frauen, seid euch dieses Gegensatzes bewusst und vergesst ihn niemals. Tragt das Wissen darum in euren Herzen und lasst euch nicht von euren Liebesgefühlen belügen. Sie sind beredt und das tut auch Not, denn wie gewaltig muss die Beredsamkeit sein, um solche Gegensätze zusammenzubringen. Wenn sie dann irgendwann schweigen, so ist es, als hätte es sie nie gegeben und du erkennst, dass du betrogen worden bist. Vergesst das niemals und schließt euren Bund niemals einzig aus Liebe, sondern stets auch aus Vernunft. Und wenn ihr diesen geschlossen habt, so seid dieses großen Gegensatzes eingedenk und haltet die Ordnung des Schaffensgeistes. Der Mann ist der Hammer, der Zeuger und der Krieger. Die Frau ist der Amboss, die Gebärende und die Mutter. Haltet diese Ordnung und seid Schaffende, auf dass ihr neues Leben, zum Ruhme unseres Glaubens und zur Ehre Ignatius` schaffen möget. In der Ehe möget ihr einander lieben und diesen heiligen Bund wahren. Keine Zwietracht soll zwischen euch sein, damit eure Kinder in Frieden heranwachsen mögen. Niemand darf den Frieden der Ehe brechen, er ist euer höchstes Gut. Es ist das Recht und die Pflicht des Familienvaters diesen Frieden zu wahren.“

*

„Seht mir doch die Kinder an, ihre Herzen sind rein und ihr Blick ist klar. Sie kennen keine Verstellung, und Lüge ist für sie noch ein Rätsel. Was wissen sie vom Tode und vom Sterben müssen? Ihr Geist ist noch jungfräulich und ihre Seele kennt noch keinen Schmerz. Ach blieben wir doch immer Kinder und hielten unsere Seele rein. Doch das Leben hat uns hineingeworfen in eine Welt des Todes und des Schmerzes. In dieser Welt hat die Seele sich zu bewähren, sobald ihr Geist den Tod begreift. Doch lasst den Kindern ihren Frieden, die Stunde kommt noch früh genug, wenn sie begreifen: Nicht zum Spielen, sondern zum Kämpfen sind wir hier. Gebt euren Kindern Frieden und liebt sie über euch hinaus. Sie sind das, was ihr der Erde zurückgebt. Sie sind euer Vermächtnis. Sie werden über euch hinausschaffen. Gebt ihnen Liebe, doch verzärtelt sie auch nicht, auf dass sie der Erde Schmerz nicht zerbricht. So tun die Überflüssigen und so nehmen sie sich ihre Zukunft. Doch ihr liebt eure Kinder und deshalb wollt ihr für sie eine große Zukunft. Eure Liebe ist groß genug zur Zucht, denn ohne Züchtigung gibt es keine Zukunft. Oh die Überflüssigen, sie sehen, wie der Abschaum seine Kinder schlägt und sagen: „„Zucht und Züchtigung ist ein Verbrechen."" Doch was sie gesehen haben, ist keine Zucht, sondern Tollwut eines Verbrechers, der keine Liebe kennt. Was habt ihr mit ihm zu schaffen? Die Überflüssigen, sie besitzen kleine Herzen und deshalb sind sie zu schwach zur Züchtigung und nehmen sich und ihren Kindern die Zukunft. Doch ihr spürt große Herzen in eurer Brust schlagen und deshalb liebt ihr eure Kinder mehr als euch selbst. Ihr stellt sie über eure Schwachheit und ihr Gelingen über eure Befindlichkeit. Gebt euren Kindern Zucht, nicht um sie zu brechen und ihnen zu schaden, sondern um ihnen den rechten Weg zu zeigen. Tut dies aus eurer Liebe und eurem Glauben heraus und eure Kinder werden Schaffende einer großen Zukunft sein."

*

„So ihr Andersgläubigen begegnet, spottet ihres Irrtums nicht und zeigt ihnen Respekt. Keiner möge sich über den Blinden erheben, nur weil er selbst sehen kann. Keiner möge den Unwissenden verachten, nur weil er selbst die große Erleuchtung erfahren hat. Es ist nicht euer Verdienst, dass ihr sehend wurdet, sondern es gefiel dem allmächtigen Schaffensgeist, euch sehend zu machen und also seid ihr sehend. Spottet also derer nicht, die im Irrtum befangen sind. Doch hasst die mit aller Verachtung, die keinen Glauben haben. Sie sind das Unkraut auf dem Felde, das die Frucht erstickt. Reißt es heraus mit Stumpf und Stiel und verbrennt es, auf dass die Frucht wachsen und gedeihen möge. Denn der Ungläubige ist wie ein Keim, der alles Wohlgeratene zu zerstören trachtet. Erstickt diesen Keim im Ungläubigen und so er sich nicht ersticken lässt, tötet auch ihn. Doch berührt nicht ihre Kinder, die heilig sind und keinen Anteil haben am Wahnsinn ihrer Erzeuger. Nehmt sie zu euch und erzieht sie im rechten Glauben, auf dass auch sie die große Erleuchtung erfahren mögen. Doch wenn ihr selbst in der Fremde seid, so haltet euren Glauben hoch und senkt nicht euer Haupt aus Furcht vor der Macht des Stärkeren. Vergesst nie, dass euer Fleisch nur euer Werkzeug, eure unsterbliche Seele aber euer wahrer Körper ist, dem keine Macht der Welt Schaden zufügen kann. Einzig ihr selbst könnt euch zum Schaden sein, indem ihr in der Rangordnung der ewigeinigen Urkraft fallt. Tragt also euren Glauben im Herzen und seid stolz, Kinder des wahren Glaubens zu sein. Erzählt von eurem Glauben, so man euch danach fragt, doch strebt nicht selbst danach, Unwissende zu belehren. Doch verweigert niemandem, der aus reinem Herzen danach begehrt, die große Erleuchtung. Meine Brüder, wenn die Stunde kommt, werdet ihr eure Gemeinschaft vergrößern, auf dass ihre Macht erstarke und ihr Schaffende werdet eines neuen Menschen."

*

„Liebt eure Brüder, so wie die ewigeinige Urkraft selbst von Liebe erfüllt ist. So wie sie in sich selbst keinen Gegensatz trägt und ganz eins ist, so seid auch ihr eins. Kein Gegensatz, keine Zwietracht und keine Unordnung soll eure Einigkeit brechen können. So wie ihr eure Feinde hasst, sollt ihr einander lieben. Wer immer danach trachtet, diese Liebe in Hass zu verkehren, soll des Todes sein. Denn ohne diese Liebe gibt es keine Einigkeit und ohne diese Einigkeit seid ihr nichts. Ohne diese Einigkeit seid ihr wie das Sandkorn in der Wüste. Ohne diese Einigkeit seid ihr wie ein Stück Holz auf den Wellen des Meeres. Ohne diese Einigkeit seid ihr wie ein Blatt im Winde. Doch ihr sollt leuchten wie die Sonne, wüten wie der Sturm und schaffen wie das Leben selbst. Deshalb liebt einander und bewahrt die Einheit als euer wertvollstes Gut."

*

„Der Tod ist nichts Endgültiges, er ist ein

92

Übergang, eine Reise, eine Rückkehr zum Ursprung. Vergesst dies nicht meine Brüder und seid frohen Herzens. Er hat keine Macht über eure Seelen, die unsterblich sind. Niemand hat Macht über eure Seelen, außer ihr selbst. Ihr seid die Herren über euch selbst. Kein Gott hält Gericht über euch, sondern ihr selbst haltet Gericht über euch. Ihr seid eurer eigenen Seelen Gewissen. Deshalb entscheidet selbst, wann ihr euren Körper von euch streift. Sterbt aber vor allem zur rechten Zeit. Euer Tod soll wie euer Leben sein: Voll von Würde. Wer nicht zu sterben weiß, der wusste auch nicht zu leben und wer wahrhaft gelebt hat, der wird auch wahrhaft sterben. Seid im Sterben ohne Furcht, wie ihr es auch im Leben seid und so werdet ihr eure Seelen erhöhen."

*

„Einst sagte man euch: „„Krankheit, das ist eine Strafe Gottes.""" Doch ich sage euch: Krankheit, das ist vor allem eine Verirrung des Geistes. Wenn der Geist gesund ist, so ist es auch die Seele. Und wer der Seele Schaden zufügt, tut dies auch dem Körper. Eure Seelen sind frei von Krankheit, wenn euer Geist fest im Glauben steht und ihr sowohl euer Woher als auch euer Wohin habt. So ein Geist die Ordnung des allmächtigen

Schaffensgeistes bewahrt, wird seine Seele auf den von dem Schaffensgeist vorherbestimmten Bahnen wandeln. Dennoch ist euer Körper von vielerlei Gefahren bedroht. Vier Quellen der Krankheit sage ich euch, die ihr meiden sollt. Die Quelle der krankmachenden Lebensweise: der Unruhe, der Faulheit, der Fresssucht, der Gier, der Unreinheit. Alle Ungläubigen kosten von ihr. Sodann die Quelle der krankmachenden Nahrung. Alle Unwissenden laben sich an dieser Quelle. Sodann die Quelle der kranken Natur. Nicht nur die Ungläubigen auch die Gläubigen müssen an diese Quelle gehen. Der Mensch der Gier und des Geldes brachte diese Quelle der Krankheit hervor und vor dieser gibt es kein Entrinnen. Erst wenn der Fürst der Erde seinen rechtmäßigen Thron innehaben und der Natur ihre Schönheit und Majestät zurückgegeben haben wird, wird diese Quelle der Krankheit zum Erliegen kommen. Die letzte Quelle ist die Quelle des kranken Erzeugers. Auch an diese Quelle müssen Gläubige wie Ungläubige gehen. Es sind die Krankheiten der Vorfahren, die diese Quelle hervorsprudeln lassen und wenn ihr und eure Kinder und eure Kindes Kinder euren Geist gesund erhaltet, wird diese Quelle austrocknen. Meine Brüder, bringt diese Quellen zum Erliegen und euer Körper wird ein Abbild eurer Seele sein:

ein gesunder Geist in einem gesunden Körper. Vernichtet den Menschen der Gier und des Geldes und die Quellen der Krankheit und der Verirrung werden zum Erliegen kommen. Haltet euch rein, vermehrt euer Wissen und liebt euren Körper, wie ihr eure Seele liebt. Haltet eure Triebe im Gleichmaß, lasst sie nicht verkümmern, aber pervertiert sie auch nicht. So wie der ewige Schaffensgeist in eurer Seele, so wirken die Triebe in eurem Körper. So wie der Geist eure Seele leitet, so muss er die Triebe in eurem Körper leiten. Ein verirrter Geist führt immer zu einem kranken Körper."

*

„Leid fügt der Mensch dem Menschen zu und er hat Freude daran. Doch ich sage euch: Steht ab davon und trachtet nicht nach Leid um des Leides willen. Solches tun die Ungläubigen und die im Geiste Verirrten. Ich sage euch: Ihr Ende ist nahe. Doch wir, die wir erleuchtet sind, wir kennen keine Lust am Leiden des Anderen. Uns ekelt davor und so vernichten wir jeden, der diese Lust kennt. Doch unsere größte Abscheu gilt denen, die solches Kindern zufügen. Denn in ihnen ist der Geist noch nicht voll herangereift, weshalb sie durch zu großes Leid Schaden an der Seele nehmen, den sie ihren Kindern und

Kindeskindern weitergeben. Meine Brüder, eure Kinder sind euer Heiligtum und so tötet jeden, der Lust am Leiden dieses Heiligtums fühlt."

*

„Sie sagen euch, das könne nicht die Wahrheit sein, es sei zu einfach. Über jeder Wahrheit liege ein Labyrinth. Diese Törichten, nicht über jeder Wahrheit, sondern über jedem Irrtum liegt ein Labyrinth. Sie selbst haben diese Labyrinthe geschaffen und wollen sie immer größer. Je größer sie sind, desto größer erscheint ihnen die dahinter verborgene Wahrheit. Die Wahrheit jedoch duldet kein Labyrinth. Sie leuchtet wie die Sonne am Firmament und ihre Strahlen zerstören alle Labyrinthe. Wenn sie auch manchmal von Wolken verdeckt ist und die Erde sich von ihr abwendet, so ist sie doch unverrückbar und hält fest ihren Sitz im Zentrum allen Seins. Wer sie anblickt, ist geblendet und wendet sich schmerzerfüllt ab. Sie ertragen die Wahrheit nicht und bauen sich Labyrinthe, um ihre eigenen "Wahrheiten" zu schaffen. Doch wie sollten sie bestehen können vor der gewaltigen Macht der Wahrheit? Sie wird alle Labyrinthe sprengen und ihre Haltlosigkeit offenlegen. Doch ihr, meine Brüder, ihr wendet euch nicht ab, ihr ertragt den Schmerz ihrer Sonne. Ihr kennt kein Verlangen,

Labyrinthe zu bauen. Ihr habt tief geschaut und verachtet ihre Labyrinthe. Es gibt Wahrheitssuchende, die suchen die Wahrheit in allem, was ihre Strahlen berührt haben und auch sie hassen alle Labyrinthe und was sie finden, sind Schöpfungen der Wahrheit. Sie sind aufrichtig und lieben die Wahrheit so wie ihr, doch sie sind nicht stark genug, um ihr, so wie ihr es tut, direkt ins Antlitz zu schauen. Ihr Geist ist zu schwach dazu. Doch auch sie sind Zerstörer der Labyrinthe und was sie tun, ist gut. Sie sind die Minenarbeiter der Wahrheit und alles, was sie finden, fordert ihren Schweiß und ihre Ausdauer. Doch ihr, meine Brüder, grabt nicht nach der Wahrheit, als wäret ihr Maulwürfe. Ihr seid zu stolz dazu, denn euer Geist ist groß und überhebt euch über eure Mitmenschen. Ihr sucht nicht nach der Wahrheit, denn sie ist offenbar und jeder Mann kennt die Schatten, die durch ihre Kraft geworfen werden. Doch ihr seid auch keine Schattenfänger und seine Behaglichkeit ist euch zuwider. Ihr seid Empfangende, denn ihr wendet euch nicht ab, um den Schmerz zu meiden. Ihr seid stark genug für diesen Schmerz und euer Geist geht tief, um auch die verborgensten Wahrheiten entdecken zu können. Und wie ihr Empfangende seid, so seid ihr auch Gebärende. Meine Brüder, der Geist ist wie eine

Gebärmutter, die, vom Zweifel befruchtet, immer neue Kinder hervorbringt. Je tiefer er ist, desto gebärfreudiger ist er. Der Weg zur Wahrheit ist niemals ein Labyrinth, der Weg zur Wahrheit ist eine Geburt."

*

„Die Erde ist eure Mutter, so wie der ewige Schaffensgeist euer Vater ist. Liebt diese Erde und schaut ihre Schönheit. Wer könnte es ihrer Farbenpracht gleichtun? Wer könnte sie in ihrer Vielfalt überbieten? Wer könnte sich mit ihrer Schönheit messen? Ihr seid ihre Kinder und eure Schönheit ist allein ihr Verdienst. So wie sie euch erheben, so kann sie euch ebenso vernichten. Was seid ihr, wenn sie euch nicht mehr zugetan ist? Staub und Asche, über die der Wind geht, als hätte es sie nie gegeben. Deshalb achtet sie als eure Mutter, so wie den Schaffensgeist als euren Vater. Aus ihrem Leib seid ihr hervorgegangen, nachdem der ewige Schaffensgeist ihren Leib befruchtet hat. Deshalb seid eures Ursprungs eingedenk und ehrt ihn aus vollem Herzen. Senkt euer Knie und steht in Demut vor ihr und wer euch darin nicht gleichtut, soll ausgestoßen werden aus eurer Gemeinschaft und mit Schande behaftet sein. Und so ihr Frevler seht, die sie zu beschmutzen und zu zerstören trachten, die sollen des Todes sein, damit ihre Majestät erstrahle. Ehret also die Erde, so wie ihr den ewigen Schaffensgeist ehret als euren heiligen Ursprung."

*

„Tut nicht wie die Ungläubigen, die arbeiten, um ihrer Gier zu frönen. Sie gleichen dem Esel, dem keine Last zu schwer ist. Sie gleichen der Ameise, die ohne eigenen Willen schafft. Sie gleichen der Hyäne, die sich gierig auf das Aas stürzt, auch wenn sie dabei das edelste der Tiere entweiht. Doch ihr meine Brüder, ihr sollt wie Löwen sein, die erhaben über ihre Untertanen herrschen. Ihr sollt wie die Adler sein, die aus der Höhe auf die Beute herabblicken. Ihr sollt wie die Füchse sein, die durch List und nicht durch Schweiß ihre Mägen füllen. Meine Brüder, seid nicht die Diener des Geldes, sondern ihre Herren. Das Geld macht die Menschen zu Sklaven und redet ihnen ein, Tugend und Ehre sei in dieser Unterwerfung. Doch ist der Löwe, der sich wie ein Esel vollpacken lässt, tugend- haft? Ist der Adler, der wie eine Ameise auf den Boden Lasten tragend dahineilet, ehrenhaft? Nein, darin ist weder Ehre noch Tugend, sondern einzig Schande. Der Mensch als Sklave des Geldes ist eine Schande und seine größte Erniedrigung. Ihr, die ihr keine Sklaven seid, ihr seid auch keine Kettensprenger. Lasst die Sklaven Sklaven sein und sich selbst ihre Ketten sprengen. Doch ihr meine Brüder, erhebt euch wie Adler und flieht der Macht des Geldes. Seid listig wie die Füchse und so werdet ihr einst wie Löwen herrschen über die Menschen und ihr Geld."

Der Dieb in der Dunkelheit

*

Nacht trat ein und die Berge wurden in Dunkelheit gehüllt. Kein Licht durchbrach diese Dunkelheit, weder das Licht des Mondes noch das Licht der Sterne. Finster war diese Dunkelheit und wie ein Schleier legte sie sich auf die Augen Ignatius` und seiner Brüder. Und so begaben sie sich in ihre Nachtlager und der süße Schlummer des Schlafes kam über sie. Tief war dieser Schlaf und neue Kraft gab er ihren Leibern. Doch plötzlich drang ein Laut durch diese Dunkelheit und riss sie aus ihren Träumen heraus. Geist und Sinne wurden zu neuem Leben erweckt und suchten mit aller Macht die Herkunft dieses Lautes in der Dunkelheit. Da vernahmen sie das Ächzen der Tür und die leisen Schritte eines Diebes. Sie sprangen aus ihren Betten, ergriffen den Dieb und banden ihm seine Hände und seine Füße. Sodann legten sie sich wieder in ihre Nachtlager und Schlaf wiegte sie ein. Am nächsten Morgen erwachten sie und fanden den Fremden gebunden auf dem Boden liegend. Da erinnerten sie sich des nächtlichen Vorfalles, banden ihn los und luden ihn ein, an ihrem morgendlichen Mahl teilzuhaben. Der Dieb schaute sie verwundert an und fragte die Bruderschaft: „Warum habt ihr mir das Leben gelassen? Kam ich denn nicht, um euch zu bestehlen? Und ihr lasst mich zum Dank dafür in eurer Mitte speisen?" Da sprach Diego, der Krieger, zu ihm: „Wärest du gekommen, unserer Seele oder unserem Leibe Schaden zuzufügen, so säßest du nicht mehr in unserer Mitte und äßest nicht mit uns. Dein Leib läge entseelt auf diesem Boden. Doch du bist in deiner Not gekommen, um uns zu nehmen, woran unser Herz nicht gebunden ist. Und so geben wir dir gern, wonach du verlangst und bitten dich nicht als einen Dieb, sondern als einen Gast an unseren Tisch." Und nachdem sie die Worte gesprochen hatten:

„Die Erde hat es hervorgebracht
In unerschöpflicher Schaffenskraft.
So möge sie nun auf ihre Weise
Kraft uns geben durch diese Speise."

nahmen sie gemeinsam das Mahl ein. Und der Dieb füllte mit Lust seinen Bauch, denn er hatte schon seit langer Zeit gehungert.

*

Als eines Tages die Strahlen der Sonne den Schnee in Wasser verwandelten und die Farben des Waldes wieder erstrahlen ließen, wanderte

Ignatius mit seinen Brüdern durch den Wald und gemeinsam erfreuten sie sich seiner Wiedererweckung. Da sprach Alfonso, der Gelehrte, zu Ignatius: „Jedes Jahr überwindet so der Frühling den Winter und lässt alles Totgeglaubte neu erblühen. Wird so auch der Mensch überwunden und neu geboren werden, wie Zarathustra es lehrt?" Da gebot Ignatius seinen Schritten Einhalt, senkte sein Haupt und ging in sich. Als er seine Gedanken gesammelt hatte, antwortete er: „Alle Lehren, denen die Menschen folgen, sind entweder gesund oder krank, weise oder töricht. Vielen Lehren folgten die Menschen bereits und sie führten sie auf Höhen oder in den Abgrund. Seine Lehre ist die weiseste Lehre, die jemals in die Welt getragen worden ist, denn sie ist der Natur abgelesen. Doch sie brachte keine Früchte hervor und niemand folgt ihr, da sie nicht Vollendung, sondern der Weg zur Vollendung ist. Sie ist reich an den höchsten Weisheiten, doch sie besitzt keine höhere Wahrheit. Ihre Wahrheit endet mit dem Tode des Leibes. Wie sollte der Übermensch der Sinn der Erde sein können? Wer den Sinn der Erde sucht, sie dabei zu verlassen jedoch nicht gewillt ist, wird nur Vergängliches finden. Und dennoch hat niemand bisher dieses Vergängliche mit mehr Weisheit geschaut. Seine Lehre ist ein mächtiger Ast des großen Weisheitsbaumes. Meine Brüder, noch viele Äste werden von ihm abgehen, bis dieser Baum seine Vollendung gefunden haben wird. Wollt ihr Früchte dieses Baumes werden?" Da lächelten ihm seine Brüder zu und erfreuten sich dieses Vergleiches, denn sie liebten Ignatius und ihr größtes Verlangen war es, mit ihm verbunden zu sein. Und Alfonso gab ihm verlegen zur Antwort: „Meister, nichts wünsche ich mir sehnlicher, denn längst schon bin ich ein Teil von dir geworden, so wie wir alle und wir folgen dir bis in den Tod. Doch du hast meine Frage nicht beachtet? Muss denn der Mensch ganz überwunden werden?" „Ja der Mensch muss überwunden werden. Der höhere Mensch wird des Menschen Sklavenmoral, Wohlstandsglauben, Gemütlichkeiten und Ängste überwinden, um ein Weltreich schaffen, das alle Völker dieser Erde vereinigen wird. Das ist des Menschen Bestimmung." Und so setzte Ignatius seine Wanderung fort und die Bruderschaft folgte ihm und sang frohen Herzens:

„Mein liebes Herz, was sorgst du dich?
Dein Leben ist nur eine Reise
Durch Zeit und Raum in der Formenwelt,
Wo alles fließt auf eine Weise.

Auch du bist ein Teil dieses großen Wandels,
Schon bald wirst du nicht mehr schlagen.
Doch die Kraft, die dir das Leben geschenkt,
Wird neues schenken an allen Tagen.

Sie ist die große Konzertmeisterin,
Die alle Herzen auf Erden
Gleich Donnermusik ertönen lässt,
Auf dass sie erhöhet werden.

Sie schlagen im Takte des ewigen Krieges,
Der auf Erden niemals endet.
Stimme ein, mein Herz, und gib mir Mut,
Damit Ehre und Ruhm uns verkündet."

*

Viele Monde lebten Ignatius und seine Brüder in den Bergen und sie genossen ihrer Gemeinschaft. Keine Zwietracht trat zwischen sie und da sie im Geiste einander verwandt waren, fühlten sie ihre Liebe zueinander wachsen. Doch Ignatius hatte bemerkt, dass einige seiner Brüder Kummer im Herzen trugen. Und da sie sich dieses Kummers wegen schämten und ihn vor ihrem Meister verbargen, sprach sie Ignatius eines Abends darüber an: „Meine Brüder, schon lange sehe ich, dass eine tiefe Traurigkeit eure

Seelen bedrückt. Sagt mir doch an, woher sie kommt und weshalb sie euer Gemüt beschwert. Mich verlangt es danach, euch davon zu befreien." Da antwortete Peter, der Wanderer: „Meister, viele Monde leben wir schon mit dir und nicht einen Tag überkam uns die Reue, dass wir dir gefolgt sind. Wir sind befreit von Krankheit und Irrtum und niemals zuvor spürten wir Geist und Körper in einem solchen Einklang. Und dennoch liegt ein Schatten auf dieser Vollkommenheit, denn die Sehnsucht nach dem Weibe quält unsere Gemüter." Und er senkte sein schambehaftetes Haupt. „Nun meine Brüder, so hat die Natur es eingerichtet und diese Sehnsucht ist nichts, weshalb ihr euch schämen müsstet. Auch ich kenne diese Sehnsucht und habe in meiner Einsamkeit oft unter ihr gelitten. Diese Sehnsucht nicht stillen zu können, ist das größte Opfer, das ein Mann für seine Vervollkommnung erbringen kann. Unserer Gemeinschaft ist erst der würdig, der ein solches Opfer aufbringen kann. Doch es muss auch ein Opfer sein, Eunuchen taugen nicht für eine Gemeinschaft von Männern. Gebt also dieses Opfer freudigen Herzens, sowie ein Händler mit einem Lächeln und ohne Reue einen hohen Preis für eine wertvolle Ware zahlt, seinen einzigartigen Wert im Bewusstsein tragend. Bewahrt diese Sehnsucht in euch zusammen mit dem Wissen, dass ihr sie stillen werdet, wenn die Tage unserer Gemeinschaft erfüllt sind und ihr als Kinder des Ewigeinigen in die Welt hinausgeht. Dann werdet ihr eine Familie gründen und euren Kindern eure Weisheit schenken. Grämt euch also nicht meine Brüder und versteckt euren Schmerz nicht, so dass er sich tief in eure Herzen graben kann. Schämt euch niemals eurer Natur, denn so tun nur die im Geiste und am Leibe Erkrankten. Sprecht über eure Freuden und sprecht über eure Leiden, denn hier seid ihr unter euresgleichen." Und sie bewahrten Ignatius` Worte in ihren Herzen und sannen im Geiste darüber nach und eine große Zuversicht keimte in ihnen auf, die ihnen von der Bürde der Enthaltsamkeit die Schwere nahm. Und des Abends sprach Ignatius zu seinen Brüdern:

Die fünfte Offenbarung

*

„Gott ist tot: Das große Mysterium ist der ewige Schaffensgeist, der in uns wirkt. Indem wir ihn in uns finden und zu Schaffenden werden, erklimmen wir die Herrschaftsleiter der Weltenordnung. Wozu das alles? Wozu all die Mühe, all das Leid und all der Schweiß? Meine Brüder, hört nun die Botschaft von der ewigen Wiederkehr. So wie in der Formenwelt ein oben und unten ist, so ist dies auch in der ewigeinigen Schaffenskraft. Denn die Formenwelt ist ganz ihr Ausdruck und ihr im Seelischen völlig gleich. Wer sich in der Formenwelt als unwürdig erwiesen hat und in der Weltenordnung unten steht, wird auch nach seinem Tode in der Schaffenskraft unten stehen. Was bedeutet das? Er wird bei seiner Wiederkehr in die Formenwelt ebenso unten stehen. Seine Schaffenskraft und sein Geistes-vermögen werden schwach sein. Wie es keine Grenze nach oben gibt, so gibt es auch keine Grenze nach unten. Eine Seele kann zum Herrscher eines Reiches werden, sie kann aber auch zu einer Eintagsfliege werden. Ein Wurm und ein König finden sich beide auf der Herrschaftsleiter und dennoch ist die Spann-weite der Herrschaftsleiter unendlich größer. Da ist kein Anfang und kein

Ende, nur ewiges Schaffen-Wollen. Meine Brüder, strebt nach Geist, Ruhm und Ehre, so werdet ihr aufsteigen und euch selbst erhöhen. Euer Ruhm und eure Größe werden Ausdruck finden in der Formenwelt. Dort werden sie ein Ende finden, wie dort alles ein Ende findet, jedoch im Unendlicheinigen sind sie für ewig eingemeißelt. Dort werden sie euren Platz bei der Wiederkehr in die Formenwelt bestimmen. Wollt ihr unten stehen oder oben? Wollt ihr Tier sein oder Mensch? Wollt ihr Knecht sein oder Herr? So strebt danach, dass ihr euch selbst überwindet, den Menschen aus seiner Versklavung befreit und ihm einen würdigen Fürsten schenkt. Erhöht die Menschen auf der Herrschaftsleiter. Schaut nicht nach unten, was ihr einst ward, sondern schaut nach oben, was ihr sein könnt."

*

„Wer die Formenwelt durch seine Schaffenskraft verändert, verändert damit auch die ewigeinige Schaffenskraft. In der Vereinigung mit einer größtmöglichen Gemeinschaft wird auch die größte Veränderung in der Formenwelt hervorgebracht. Alles, was eine solche Gemeinschaft vergrößert und ihr Geist und Macht gibt, ist gut. Alles, was sie verkleinert und schwächt, ist schlecht. Jeder Einzelne hat sich in den Dienst dieser Gemeinschaft zu stellen, um Ruhm und Ehre zu erlangen. Der Einzelne ist nichts. Was kann er alleine ausrichten? Jedoch in der Gemeinschaft eines Volkes und eines Glaubens wird er Teil einer Schaffenskraft, die so gewaltig ist, dass sie sich in der ewigeinigen Schaffenskraft selbst niederschlägt. Was hier groß ist, ist auch dort groß und was hier klein ist, ist auch dort klein. Werdet Teil dieser großen Schaffenskraft und damit Schaffende eurer großen Wiederkehr."

*

„Jesus von Nazareth hat den bisher tiefsten Blick in das Mysterium des Unendlicheinigen getan. Doch er hat dieses Mysterium missdeutet. Er hat es als den Willen zur Liebe gedeutet, da er die Kraft der Liebe in allen Menschen gesehen hat. Doch da liegt sein großer Irrtum. Die Liebesfähigkeit ist in allen Menschen und selbst in den Tieren als ein Wesenszug des Unendlicheinigen und ein Beweis für die Gemeinschaft aller Seelen außerhalb der Formenwelt, jedoch nicht innerhalb der Formenwelt. So hat er dieses Mysterium als alleinigen Willen zur grenzenlosen Liebe gedeutet und übersah dabei die von diesem Willen geschaffene Ordnung in der Formenwelt. Die Liebe ist unleugbar in allem Seelenhaften und also dem Wesen der ewigeinigen Schaffenskraft immanent. Innerhalb der Formenwelt nimmt sie verschiedene Ausdrucksformen an: Sie wird zur Liebe zwischen Mann und Frau, zur Liebe zwischen Eltern und Kindern, zur Liebe zwischen Freunden, zur Liebe zum Volke, zur Liebe zum Glauben, doch ihre reinste und tiefste Form findet sich frei von jedem Ausdruck innerhalb der Formenwelt in der ewigeinigen Schaffenskraft selbst. Nur wer sie dort findet, hat ihr Wesen begriffen und ihre grenzenlose Macht. Sie ist unendlich wie die Schaffenskraft selbst. Sie ist die Kraft, die alles Seelenhafte und damit die Schaffenskraft selbst zu einer unteilbaren und unendlichen Kraft ohne Gegensätze macht. Der einzige Gegensatz der ewigeinigen Schaffenskraft ist die tote Körpermasse, in welcher sie in der Gestalt der Formenwelt ihren Ausdruck findet. Diesen Gegensatz hat der Nazarener erkannt und damit auch die Herrschaft alles Seelischen über das Körperliche. Doch die Liebe ist eine Eigenschaft der ewigeinigen Schaffenskraft, eine andere ist Macht. Schaffenskraft selbst ist das ewige Schaffen-Wollen, das in der toten Urmasse sein Material gefunden hat. Wie ein Bildhauer seine Skulptur schafft, so schafft diese ewigeinige Schaffenskraft in der Urmasse die Formenwelt. In dieser Formenwelt hat unweigerlich auch der Urgegensatz zwischen ewig-einiger Schaffenskraft und der Urmasse seinen Ausdruck gefunden. Alles Werden in der Formenwelt geschieht durch diesen Antagonis-mus. Mann und Frau, Liebe und Hass, Groß und Klein, Stark und Schwach, Klug und Dumm, Le-ben und Tod: Der Antagonismus ist das Urprinzip der Schaffenskraft in der Formenwelt. Die dabei sich darstellenden Gegenpole sind weder gut noch böse, sondern sie sind das zum Ausdruck Gebrachte der ewigen Schaffenskraft. Es ist sinnlos, diese Gegensätze in Gut und Böse ein-zuteilen, sondern der einzige Sinn kann nur sein, die dahinterstehende Absicht, den Willen des Schaffensgeistes, zu erkennen. Wer diesen Wil-len erkennt und annimmt, hat in sich den Nähr-boden geschaffen, um auch das Wesen des ewigen Schaffensgeistes zu erkennen. Dies ist die große Erleuchtung, die dem Nazarener verwehrt blieb. Obwohl er die Urkraft geschaut hatte, so konnte er doch den dahinter stehenden Willen nicht begreifen, da sein Geist nicht eins wurde mit dem Geiste der ewigeinigen Schaf-fenskraft."

*

„Des Menschen bestimmende Größe ist nicht

seine Seele, eine Seele besitzt auch das Tier, sondern sein Geist. Durch seinen Geist ist er befähigt, die Urkraft zu erkennen und den Sinn der Erde zu begreifen. Durch den Geist betrachtet er die Formenwelt und wird zum Künstler. Durch den Geist erforscht er die Formenwelt und wird zum Wissenschaftler. Durch den Geist erhebt er sich in der Formenwelt und macht sich zum Herrscher der Erde. Und durch seinen Geist wird der Mensch seine Krankheiten und Schwächen abschütteln, sich selbst überwinden und zum Herrscher neuer Welten werden."

*

„Was ist Seele? Einst sagte man euch, die Seele sei ein Geschenk Gottes, das er geben und auch wieder nehmen könne. Doch Gott ist tot und wir sehen nun: Sie haben nur ausgesprochen, was sie begreifen konnten. Und das war nichts als Aberglaube. Die Seele, das ist die große Kraft, die das Leben bringt, die das Leben selbst ist. Sie ist eins mit der Urkraft und wie die Urkraft ein Mysterium, das der Mensch in der Formenwelt erspüren, jedoch niemals vollends begreifen kann. Seele, das sind die Kräfte, die das Leben bringen: so die Lebenskraft, die Schaffenskraft, die Liebeskraft, die Willenskraft und dort vor allem der Wille zur Macht. Seele, das ist Kraft.

Seele, das ist die unerschöpfliche ewigeinige Urkraft."

*

„Was ist Geist? So wie die Seele, so ist auch der Geist kein Geschenk Gottes, sondern er ist untrennbar mit der Seelenkraft vereint und wirkt in ihr. Jedoch nicht als Kraft, sondern als Vermögen. Er ist kein Streben, kein Wollen, sondern er ist eine Ordnung, eine höhere Vernunft, die der Kraft und dem Willen ihre Richtung, ihr wohin gibt. Diese höhere Ordnung kann nur ein Geschöpf erkennen, welches Geist in sich trägt. Denn Geist: Das ist die Vernunft, der Verstand, das Urteilsvermögen, das Merkvermögen, das Sprachvermögen, das Denkvermögen, das Bewusstsein von sich selbst, das Vorstellungsvermögen, das Erkenntnisvermögen. Je mehr Geist ein Geschöpf besitzt, desto mehr ist es befähigt, die höhere Ordnung der Formenwelt zu erkennen. Denn im Geiste errichtet der Mensch Brücken zum allmächtigen Schaffensgeist. Den Geist kann der Mensch durch Erfahrung, Kunst, Bewusstsein, Erziehung und Unterweisung erweitern. Seele jedoch ist ihm gegeben, er kann sie weder größer noch kleiner machen. Seelenkräfte können jedoch durch den Geist eine andere Richtung erhalten. Geist ist Ordnung -

Seele ist Kraft."

*

„Diese durch den Geist gelenkte Seelenkraft hat sich in der Formenwelt mit dem Körper vereint. In jedem lebendigen Geschöpf wirkt diese Seelenkraft. Im Körper wirken durch diese Symbiose vor allem Triebe. Triebe der Nahrungsaufnahme, der Fortpflanzung, des sich Erhaltens, des sich Wohlbefindens. Diese Triebe sind ebenfalls dem Menschen beigegeben und obwohl der Mensch sie durch seinen Geist beeinflussen kann, so kann er sie jedoch nicht vollends unterdrücken, ohne dabei Schaden zu nehmen. Es ist der Trieb, der durch die Vereinigung der Urkraft mit der Urmasse geboren wurde. Körper ist Trieb."

*

„Die Triebe der Lebewesen sind nichts anderes, als die in der Urmasse zum Ausdruck kommende ewigeinige Urkraft, um diese Lebewesen am Leben zu erhalten. Die in der Formenwelt vorhandene Ordnung ist der zum Ausdruck kommende Wille des Schaffensgeistes. Jedes einzelne Lebewesen ist daher eine Symbiose von geistiger Seelenkraft und Körper und die direkte Folge der großen Symbiose von Urkraft und Urmasse. Je mehr Geist dabei ein Geschöpf

115

besitzt, desto höher steht es in der Rangordnung innerhalb der Formenwelt. Hieraus folgt die Ethik für den Menschen, denn er ist durch seinen großen Geist der Herr über die Erde und das einzige Geschöpf, das von diesem Geist weiß. Nur wenn der Geist des Menschen und seines Volkes mit dem Geiste der Urkraft im Einklang steht, kann der Mensch über die Erde und seine Seele sich in der Hierarchie der Urkraft erheben. In der Formenwelt heißt Veränderung: Tod. In der ewigeinigen Urkraft heißt Veränderung: oben oder unten in ihr selbst. So wie in der Formenwelt alles nach oben strebt, so strebt auch in der Urkraft alles nach mehr Schaffenskraft. Was bedeutet mehr Schaffenskraft? Mehr Schaffenskraft: Das bedeutet mehr Willenskraft, mehr Lebenskraft, mehr Liebeskraft und mehr Geist. Es ist ein Zustand der Vollkommenheit, dessen Sinn und Wertigkeit in ihm selbst liegt. Es ist ein Zustand der höchsten Glückseligkeit. Ein Einzelner kann dabei nichts erreichen. Nur in der Gemeinschaft eines Volkes, das geistig und seelisch eine Einheit bildet, erfährt der Mensch Macht in der Formenwelt und damit Schaffenskraft. Macht in der Formenwelt ist Schaffenskraft. Der Wille zur Macht ist das Streben nach Schaffenskraft. Je mehr der Geist eines Volkes im Einklang mit dem Geist der Urkraft steht, desto größer ist die Schaffenskraft dieses Volkes und ihre Macht in der Formenwelt. Es ist daher sinnlos, einfach nur nach Macht zu streben, das tut auch jedes Tier. Doch im geistigen Einklang mit der Urkraft nach Macht zu streben, ist die große Herausforderung und der Auftrag des höheren Menschen."

*

„Seele und Geist sind eins Es ist die vom Schaffensgeiste durchwirkte Urkraft, die in allem Leben ist und die niemals enden wird. Diese hat keinen Anfang und kein Ende, denn sie ist ewig. Sie ist in uns Menschen und sie wirkt in jedem Geschöpf. Indem wir diese Urkraft in uns spüren, erheben wir uns über alle Geschöpfe der Formenwelt. Wir Menschen sind die einzigen Geschöpfe, die das erkennen können und deshalb zur Herrschaft über die Unwissenden bestimmt. Doch wir sind nicht die Herrscher über die Formenwelt, denn wir sind ein Teil von ihr und können sie nur verändern, jedoch nicht neu erschaffen oder zerstören. Unsere Bestimmung ist es nicht, uns über die Formenwelt zu stellen, sondern in ihr zu wirken, in ihr zu herrschen. Unsere Bestimmung ist der Wille zur Macht."

„Wenn der Geist des Menschen seine Seele erkennt und ihm bewusst wird, weshalb er auf dieser Erde ist und welchen Sinn sein Leben hat, so ist dies seine zweite Geburt nach der Geburt seines Leibes. Erst dann ist der Mensch vollständig geboren und hat damit seinen Platz auf der Erde gefunden. Doch wie viele haben diese zweite Geburt niemals erfahren und wandeln daher ziellos auf der Erde umher. Was sind sie anderes als Beute für Seelenfänger, Triebe und Ängste? Doch ihr, meine Brüder, ihr seid keine Beute, denn ihr habt die große Erleuchtung erfahren und damit euer Ziel stets vor Augen."

*

„Seht doch wie alles wächst und alles drängt und alles strebt! Wohin strebt es nur? Was ist das Ziel dieses Drängens? Wodurch erfährt es seinen Sinn? Der Schaffensgeist ist dieser Sinn. Er drückt allem Sterblichen seinen Willen auf. Und alles Sterbliche muss schaffen, so wie er es will. Solange er im Sterblichen wirken kann, wird dies niemals enden. Er verleiht der Erde ihre Schönheit und wo er lebendig ist, ist auch das Streben nach Unsterblichkeit: Denn alles schafft für die Ewigkeit. Zöge denn die Spinne ihre Fäden, wenn sie wüsste von ihrer Sterblichkeit? Dienten denn die Bienen ihrer Königin, wenn sie wüssten von ihrer Endlichkeit? Und auch der Mensch, obgleich er vom Tode weiß, setzte er noch Stein auf Stein, wenn er es nicht für die Ewigkeit täte? Weiß eine Mutter etwas von Sterblichkeit, wenn sie ihr Kind an ihre Brust drückt? Sie alle gehorchen einzig seinem Willen und dieser Wille weiß nichts vom Sterben. Dieser Wille ist das Leben und sein Wohin ist der Sinn allen Lebens. Dieser Wille schafft für die Ewigkeit und die Erde ist sein Werk. Schaffender zu sein, ist seine Lust und diese Lust wird niemals enden. Diese Lust besitzt kein Ende und den Tod, den kennt sie nicht. In allem Leben ist diese Ewigkeit, auch wenn der Mensch sie leugnet und die Lüge des Nichts annimmt. Doch könnte er auch nur einen Tag leben, wenn er wahrhaft und vollkommen an diese Lüge glaubte? Auf unerkannten Wegen flüstert sie jedem Menschen zu, dass es vielleicht doch noch etwas nach dem Tode geben könne. Die Endlichkeit der Formenwelt macht den Menschen schwanken und zweifeln und so leidet und krankt er an diesem Zweifel. Doch der ewige Schaffensgeist kennt keinen Zweifel und keine Krankheit. Er ist die Richtschnur allen Handelns und wer ihm folgt, wird ebenso keine Krankheit und keinen Zweifel erfahren. Schaut die Tiere in der Freiheit. Kennen sie Krankheit? Sie leben und sterben nach den Gesetzen des Schaffensgeistes, denn sie haben keinen Geist, der sie vom Willen des Schaffensgeistes abbringen könnte. Doch der Mensch hat Geist und wenn dieser erkrankt ist, so entfernt er sich von den Gesetzen des Schaffensgeistes und erkrankt an Seele und Leib. Meine Brüder, gehorcht den Gesetzen des Schaffensgeistes und begreift seinen Willen. Euer Geist soll im Einklang mit dem Geiste der Urkraft sein und so werdet ihr weder Krankheit noch Zweifel erfahren. Alles Streben und alles Drängen des Lebens ist nichts anderes als der Wille, in Harmonie mit dem Geiste der Urkraft zu schaffen. Einzig der Mensch entfernt sich durch seinen erkrankten Geist von dieser Harmonie. Nehmt meine Lehre an und lebt danach, so soll euer Geist gesunden und sowohl euer Leib als auch eure Seele wieder im Takte der ewigeinigen Urkraft schwingen."

*

„Überall ist ein Geborenwerden, ein Aufblühen mit einem Höhepunkt und schließlich ein Niedergang bis zum Tode. In jedem Tier, in jedem Menschen, in jedem Volk, in jeder Kultur.

Warum ist dem so? Weil die Urkraft als unendliches Streben nach Vollkommenheit diese in der Formenwelt jedoch niemals endgültig erreichen kann. Am Ende reißt die tote Urmasse wieder alles Leben an sich und führt alles Körperliche wieder zu dem, was es immer gewesen ist. In der Formenwelt wird am Ende immer der Tod siegen, denn es ist sein Reich. Doch die Urkraft, die das Leben ist, besitzt ebenso ihr Reich, welches in allem des Todes Antagonist ist. Der Tod ist Stillstand, sie ist Bewegung. Der Tod ist sinnlos, sie ist schwanger von Sinnhaftigkeit. Der Tod ist ein Ende, sie ist die Ewigkeit. Der Tod ist ohne Bewusstsein, sie ist tiefstes Bewusstsein. Der Tod kennt kein Werden, sie ist das ewige Werden. Sie ist das endlose Streben nach höchster Vollkommenheit, welches sie in der Formenwelt, in der der Tod herrscht, immer nur als Höhepunkt ihres Wirkens erreicht. Doch wie zeigt sich ihre Vollkommenheit ohne die Fessel von Raum und Zeit? Dort ist ihre Vollkommenheit ohne Niedergang, ohne Ende, ohne Einschränkung und ohne Tod. Wer vermag diesen Zustand zu beschreiben? Es ist ein Zustand der Vollkommenheit ohne irgendeinen Makel, ein Zustand der Befriedigung ohne irgendeinen offenen Wunsch, ein Zustand des Allwissens ohne irgendeine offene Frage. Meine

Brüder, wir werden keine Himmelreiche oder Traumwelten erdichten, wie es die Menschen, die ihren Wünschen erliegen und des Trostes bedürfen, so oft getan haben. Wir werden ihn nicht mit Engeln, Teufeln und anderen Fabelwesen bevölkern, denn diese sind Phantasien, die der Erde angehören. Wir wissen ihn vollkommen, doch da wir vom Vergessen im Dunkeln gehalten werden, können wir ihn nur erahnen. Doch dies genügt uns, denn unser Geist gibt diesem Erahnen Gewissheit. Wir brauchen keine Dichtungen, um unserem Glauben Festigkeit und Beständigkeit zu geben. Unsere Einsicht und unser Glaube sind Kinder unseres Geistes, der dem Schaffensgeist angehört und ihm ewig angehören wird. Dieser Geist ist die Quelle aller Weisheit und Erkenntnis. Wessen Geist im Einklang mit dem Schaffensgeist steht, bedarf keiner Bilder, Lügen und erdichteten Beweisgründe, um seinen Glauben zu festigen, denn in ihm herrschen Weisheit und die höchste Einsicht. Meine Brüder, folgt im Geiste dieser Vollkommenheit. Sie ist der Sinn allen Lebens und das Ziel, dem alles Leben entgegen drängt. Dort werdet auch ihr eure Vollkommenheit und ewigen Ruhm finden."

*

„Wie sollte das Leben aufhören, Leben zu sein? Wie sollte Leben sterben können? Ihr seht die Geschöpfe der Erde sterben und sagt: „„Überall stirbt das Leben."" Doch nicht das Leben stirbt, die Geschöpfe sterben, die Leben in sich hatten. Aus toter Erde sind sie geschaffen und in tote Erde kehren sie zurück. Doch das, was sie zu lebenden Geschöpfen machte, wie sollte das sein Ende finden? Leben ist es und Leben bleibt es bis in alle Ewigkeit. Schaut die Erde, in welcher Schönheit und Vollkommenheit sie sich zeigt. Und selbst wenn diese Vollkommenheit verginge, wäre damit auch das Leben vergangen? Wer wäre so töricht, nur dort Leben sehen zu wollen? Der Mensch hat die Erde verlassen und in die Unendlichkeit des Raumes geblickt. Überall in diesem Raum wirkt das Leben. Wer sollte daran zweifeln? An Orten, die niemand kennt und die niemals von uns betreten worden sind, blüht das Leben und zeigt seine Herrlichkeit. Was ist unser Erdenrund in diesem unendlichen Raum? Ein Sandkorn in der Wüste. Und doch ist dieses Sandkorn für uns eine Unendlichkeit. Wo ist das Ende des Raumes? Wir werden es niemals erreichen. Doch der Schaffensgeist, der Schöpfer allen Lebens im Raume, kennt dieses Ende und geht darüber

123

hinaus. Der Schaffensgeist ist unendlich und gab diesem Raum seine Gestalt. Was wäre er, wenn er ihn verließe? Ein toter Körper, wie er es einstmals war. Meine Brüder, seid eurer Kleinheit eingedenk, doch begreift auch eure Größe. Im Raume seid ihr nichts, doch im Geiste seid ihr alles. Euer Geist ist die Brücke zur Ewigkeit. Vergesst dies nicht, meine Brüder."

Die Sonnenfinsternis

*

Eines Nachmittags saßen Ignatius und seine Brüder an ihrem Tische und lasen in den Werken der großen Weisen. Sie vertieften sich so sehr in die Weisheiten dieser Werke, dass sie sich selbst und, was um sie herum geschah, vergaßen. Denn obgleich die Sonne hoch am Himmel stand, begann sich plötzlich ihre Stube zu verdunkeln. Da erhob sich denn endlich Alfonso, der Gelehrte, schritt zum Fenster und erblickte die Sonne, die sich allmählich verfinsterte. Und er stand wie gebannt, so dass seine Brüder zu ihm traten und erschrocken riefen: „Meister kommt und seht dieses Wunder. Wie kann das nur sein? Schaut doch dieses Wunder, die Sonne verdunkelt sich." Da trat Ignatius zu ihnen, schaute die sich verdunkelnde Sonne und sprach voll Zorn zu seinen Brüdern: „Was redet ihr nur da von Wundern? Das ist kein Wunder, sondern eine Sonnenfinsternis, wie ich sie schon einmal erlebt habe. Ihr redet von Wundern, weil ihr etwas seht, was ihr nicht begreift. Doch nicht dieses Unbegreifliche ist ein Wunder, sondern eure Einfältigkeit. Schwatzt nicht von Wundern, solches tut das Volk und es zeugt von Pöbelart. Der Pöbel braucht Wunder und Jungfrauengeburten, um die Wege zu seinen Wahrheiten von ihren Zweifeln zu befreien. Doch ihr seid höhere Menschen und strebt nach Weisheit. Eure Wahrheiten bedürfen keiner Wunder, denn sie sind einsichtsvoll und es ekelt ihnen vor solchem Blendwerk." Da schämten sich die Brüder und sie senkten ihre Häupter ob ihrer Torheit, denn niemals zuvor hatten sie ihren Meister in solchem Zorn erlebt. Und sie sahen ein, dass nicht ihre Vernunft, sondern ihre Angst aus ihnen gesprochen hatte. Da trat Alfonso, der Gelehrte, zu Ignatius und sprach: „Dein Zorn ist gerecht, denn wir haben töricht geredet. Doch nie zuvor haben wir solches geschaut. Willst du uns nicht sagen, wie es geschehen kann und was davon die Ursache ist?" Da verbannte Ignatius die Wut aus seinem Herzen und antwortete ihm: „Ich kann es euch nicht sagen und wohl niemand weiß die Ursache davon. Doch eines Tages werden die Menschen auch dies begreifen, wenn sie endlich aufgehört haben werden, in allem, was sie nicht verstehen, Wunder zu sehen. Kein Wunder, keine Götter und kein Gott verfinstern die Sonne, sondern die Natur, die sich nach Gesetzen richtet, die ihr eingegeben worden sind. Erst wenn der Mensch Aberglaube und Wunderglaube abgeschüttelt haben wird, wird er diese Gesetze erkennen. Ihr seid meine Auserwählten, um die Saat zu säen, die dereinst die Menschen von Lüge und Blendwerk befreien und sie die Gesetze der Natur zu erkennen befähigen wird. Sprecht mir also nie wieder von Wundern, sondern von Erscheinungen, deren Ursache ihr noch nicht kennt, die zu erkennen ihr jedoch einzig mit Vernunft und Einsicht für möglich haltet." Und so standen sie am Fenster und die Bruderschaft war der Worte ihres Meisters eingedenk, während die Sonne sich vollends verdunkelte. Auch in ihrer Stube trat Dunkelheit ein, als wäre es tiefste Nacht, doch keiner von ihnen trug noch die Furcht, die sie eben noch so überwältigt hatte in seinem Herzen, sondern einzig Verwunderung und Neugierde, wie eine solche Naturerscheinung möglich sein konnte.

*

An einem verregneten Herbsttage wanderten Ignatius und seine Brüder durch die Wälder, so wie sie es jeden Tag zu tun pflegten, denn sie liebten diese Wanderungen sehr. Sie liebten auch den Duft des Waldes, der an feuchten Herbsttagen besonders wohlriechend und belebend war. Und so ergötzten sie sich daran und erfreuten sich an den Vögeln, die in den Pfützen badeten und vom langersehnten Wasser tranken.

Da kamen sie an einen Ort, den sie ob seiner Schönheit oft aufsuchten, um seiner zu genießen. Doch als sie an diesem Tage dort anlangten, fanden sie ihn entstellt und misshandelt vor. Unzählige Bäume waren gefällt, Tierkadaver lagen verstreut umher, die Erde ward verbrannt und es lagen auf ihr die übelriechenden Hinterlassenschaften der Stadtmenschen. Eine tiefe Trauer überkam Ignatius und seine Augen füllten sich mit Tränen, doch seine Trauer wandelte sich schon bald in Wut und er sprach zu seinen Brüdern: „So misshandeln sie die heiligsten Stätten der Natur und nichts entkommt ihrer Gier und ihrer Wollust. Blind für die Schönheiten und Gaben der Natur, wüten sie wie Schweine im Misthaufen. Nicht nur die Schönheit dieses Ortes haben sie so entweiht, nein, auch ihre eigene ihnen gegebene haben sie so erniedrigt und vergewaltigt. Alles wird ihnen zur Maßlosigkeit und zur Krankheit, denn ihr Geist hat sich von der großen Allvernunft entfernt und irrt ziellos umher. Einzig ihre niedrigsten Triebe geben ihnen noch eine Richtung und drücken sie in den Morast ihrer erbärmlichen Natur. Meine Brüder, dies sind keine Menschen und ebenso wenig Tiere: Dies sind Missgeburten, die man nicht zu heilen, sondern zu vernichten trachten muss. Bewahrt diesen Anblick in eurem Gedächtnis, damit ihr nie vergessen möget, welche Taten ein kranker Geist zu vollbringen die Neigung hat." Und so begruben sie der Tiere Überreste, verbrannten alles, was die Städter dort gelassen hatten und trauerten um die verlorene Schönheit dieses Ortes. Als sie ihrer Trauer Genüge getan hatten, verließen sie diesen Ort und suchten ihn nie wieder auf. Doch in ihrem Geiste bewahrten sie den Anblick seiner Misshandlung und er nährte die Wut in ihren Herzen.

*

Des Morgens verließ Ignatius, schon als sich die ersten Strahlen der Morgenröte zeigten, sein Lager. Seine Brüder umfing noch tiefer Schlaf, als er sich heimlich aus dem Hause schlich und die Einsamkeit des Waldes suchte. Er wusste nicht, weshalb er das tat, doch er fühlte sich von einer unbestimmten Kraft dazu angehalten. War es ihm doch, als ob eine Stimme ihm zuriefe und in die Wälder lockte. Doch je tiefer er in den Wald, den er so sehr liebte, trat, desto mehr vergaß er sich selbst und wurde eins mit dem Geiste dieses Waldes. Da kam er zu dem Baum, der ihm einst Obdach gegeben hatte und er setzte sich in sein Inneres und schloss seine

Augen. Da verlor er sich selbst und fiel in einen tiefen Schlaf, der ihn auf Wege führte, die er niemals zuvor betreten hatte. Und er sah ein Volk, wie es sich durch Mut und Machtwille hervortat und sich über alle anderen Völker erhob. Kein anderes Volk kam ihm gleich und die Menschheit beugte ihr Knie vor ihrem Kaiser, denn er hatte die oberste Sprosse der Machtleiter berührt. Doch plötzlich erschienen drei große Drachen der Verirrung und stritten um die Herrschaft über die Völker: der Drache der Gleichheit, der Drache der Rachsucht und der Drache des Geldes. Und nachdem der Drache des Geldes die Drachen der Rachsucht und der Gleichheit vernichtet hatte, setzte er seinen vergoldeten Fuß auf den Nacken der Erde und unterwarf alle Völker. Und als die Völker erniedrigt darniederlagen und die Sinnlosigkeit die Herrschaft über die Erde errungen zu haben schien, brach ein Sonnenstrahl durch die Dunkelheit und tötete den Drachen des Geldes. In tausend Teile zerfiel der Drache und die Sonne erhellte eine Welt, die voll der Erniedrigung und Schande war. Doch schon bald ließen ihre Strahlen neues Leben aufkeimen und Weisheit, Glaube und Mut sollten bald ein Volk über die anderen erheben, damit es ihnen zum Leitstern und Herren werde. Da erwachte Ignatius aus seinem Traum und er trat aus dem Baum heraus und kehrte zurück zu seinen Brüdern, um ihnen von seinem Traume zu erzählen. Und am Abend sprach Ignatius zu seinen Brüdern:

Die sechste Offenbarung

*

„Es gibt Männer der Tat und Männer des Geistes. Männer des Krieges und Männer des Glaubens. Männer dieser Welt und Männer des Ewig-einigen. Beides sind Männer meines Volkes und sie brauchen einander wie Mann und Frau. So wie diese nur in ihrer Vereinigung neues Leben schaffen können, so können auch jene nur gemeinsam ein neues Volk schaffen. Was ist der Krieger ohne einen höheren Glauben in seinem Herzen? Und was ist der Heilige ohne die Krieger, die seinen Glauben in die Welt tragen? Seid eines Geistes, meine Brüder, und sucht nicht Zwietracht. Tragt einen Glauben in euren Herzen und werdet zu einem Schaffenden, werdet zum Schaffenden des Menschenfürsten. Wer immer unser Glaubensbekenntnis vor einem Heiligen spricht und die Ordnung unseres Volkes bewahrt, soll auch Teil dieses Volkes sein. Allein der Wille, Teil unseres Volkes zu sein, und der Glaube an unsere Wahrheit sei eure einzige Forderung. Wenn Wille und Glaube stark sind, so werden sie Teil unseres Volkes, wenn nicht, dann werden sie keinen Anteil haben am Schicksal unseres Volkes und von ihm weichen. Doch ihr, meine Brüder, seid stark im Geiste und mit der

Tat und werdet Schaffende eines neuen Menschen, Schaffende des Menschenfürsten."

*

„Unser Volk braucht keine Gesetzesbücher, Rechtsgelehrte und Gerichtshöfe, um Recht und Ordnung zu wahren. Dergleichen bedürfen die Ungläubigen, denn bei ihnen herrschen Zwietracht, Gier und Wahnsinn. So schaffen sie sich Gesetze, um in diesem Kriege „Jeder gegen Jeden" dem Untergange zu entgehen. Diese Törichten, sie wissen nicht, dass sie ihrem Schicksal nicht entgehen können. Diese Blinden, sie sehen nicht, dass ihre Zeit des Niedergangs schon längst begonnen hat. Ihr, meine Brüder, habt den Willen zur Macht, den Glauben an den Menschenfürsten und das Buch der Weisheit. Diese sind euer Garant für Recht und Ordnung. Recht spricht bei euch allein der Herrscher und Hilfe erfährt er einzig vom Rat der Heiligen und Krieger. Doch entscheiden wird der Herrscher allein, denn er verkörpert den Willen des Volkes und sein Schicksal ist auch das des Volkes. Euer Recht nach außen ist das Recht des Stärkeren und euer Recht nach innen ist das Buch der Weisheit. So haltet ihr die Ordnung des ewigen Schaffensgeistes.

*

„Wenn ein Mensch an eure Tür klopft, weil er eurer Hilfe bedarf, so wendet euch nicht ab von ihm, sondern tut ihm Gutes und nehmt ihn auf in eurem Hause. Denn auch ihr könntet einst ohne Obdach sein und um Hilfe flehen. Wie könntet ihr dann Hilfe von anderen erhoffen, wenn ihr sie selbst nicht zu geben vermögt. Verschließt eure Türen nicht, sondern haltet sie, wie eure Herzen offen für den, der eurer Hilfe bedarf."

*

„Wenn eure Väter und Mütter alt werden und ihre Körper ihnen zur Last und zum Leide werden, so nehmt euch ihrer an und helft ihnen, ihre Last zu tragen, so wie sie einst euch als Kinder getragen haben. Begegnet ihnen mit Ehrerbietung und seid ihnen zu Diensten, wo immer sie eures Dienstes bedürfen. Vergesst niemals, dass auch ihr dereinst die Bürde des Alters tragen werdet und nehmt euch ehrfurchtsvoll ihrer an."

*

„Einst sagte man euch „„Gebt dem Kaiser, was des Kaisers ist."" Doch ich sage euch: Gebt der Hure, was der Hure gebührt. Wer sich wie eine Hure verkauft, soll auch wie eine Hure seinen Lohn erhalten. Gebt der Hure ihren Lohn und schafft euch euren eigenen Caesar mit ganzer Kraft, mit ganzem Herzen und mit all eurem Gehorsam."

*

„Wenn ihr krank werdet und keine Heilung erhoffen könnt, so sucht nicht das Mitleid eurer Mitmenschen. Solches tun die Ungläubigen, deren Seelen ihren Körpern zu Diensten sind. Mit Angst und Verzweiflung klammern sie sich an ihren Körper, denn es ist ihr kostbarstes Gut. Doch ihr, die ihr die Weisheit des Baumes im Herzen tragt, herrscht mit eurer Seele über euren Körper. Wie sollte das Sterbliche über das Unsterbliche herrschen können? Schwach und voller Gebrechen ist der Körper. Eine Mücke, die das Auge kaum zu sehen vermag, senkt ihren Stachel in sein Fleisch und sein Leben entweicht ihm. Zu Staub wird er und kehrt in die Erde zurück. Doch seine Seele, die unsterblich ist, kehrt zur ewigeinigen Urkraft zurück, um immer neues Leben zu schaffen. Seid also nicht betrübt, wenn ihr dem Tode geweiht seid, denn der Tod hat keine Macht über eure Seelen."

*

„Wenn ein Mann sich zu einem Mann oder eine Frau sich zu einer Frau legt, um ihre Lust zu

135

stillen, so sollen sie ausgestoßen werden aus der Gemeinschaft, denn solches ist wider die Natur und wider dem Geiste der Urkraft. Wenn ein Mann oder eine Frau Unzucht treibt mit einem Kinde oder einem Kinde Gewalt antut, seinem Körper und seiner Seele Schaden zufügend, so sollen sie des Todes sein und all ihr Andenken soll ausgelöscht werden. Sie sind eine Krankheit und sollen wie eine Krankheit vernichtet werden."

*

"Wenn ein Kind seinen Eltern keinen Gehorsam erweist und ihnen ohne Respekt begegnet, so soll es von seinem Vater gezüchtigt werden. Wenn es aber trotz Zucht und Strafe nicht einlenkt und im Ungehorsam verbleibt, so soll es auf einem öffentlichen Platz gestellt werden und in der Mitte des Volkes mit Schande und Spott beladen werden. Und erst wenn es aus vollem Herzen gelobt, seinen Eltern Gehorsam und Respekt zu erweisen, soll es zu seinen Eltern zurückkehren dürfen."

*

"Wenn ein Mann eine Frau begehrt und beide nicht vergeben sind, so sollen sie eine Vorehe eingehen, die sie zur Treue verpflichtet. Diese Vorehe kann von dem Manne oder der Frau nach

136

Belieben aufgelöst werden. So dies jedoch nach fünf Jahren weder vom Manne noch von der Frau getan wurde, so soll die Vorehe zu einer Ehe werden. Eine Vorehe kann aber nur bis zu dreimal geschlossen werden, so dann immer noch keine Ehe geschlossen worden ist, soll dieser Mensch ohne Ehepartner bleiben. Eine Ehe kann jedoch von keiner Macht der Welt aufgelöst werden."

*

„Wenn ein Mann und eine Frau in ihrer Vereinigung Schaffende werden und ein Kind zeugen und sie in einer Vorehe verbunden sind, so müssen sie die Ehe eingehen, wenn sie willens sind, dieses Kind gemeinsam großzuziehen. So sie aber nicht willens sind, sollen sie das Kind dem Kinderhause des Volkes übergeben, auf dass es in Liebe und Zuwendung aufwachsen möge. Wer jedoch ein Kind im Mutterleibe tötet oder daran mitwirkt ist des Todes."

*

„Wenn ein Mann oder eine Frau einen Angehörigen des Volkes tötet und dies ohne Notwehr und mit Vorsatz getan hat, so soll der Mann oder die Frau ebenfalls den Tod finden.

Wenn ein Angehöriger des Volkes gegenüber einem Angehörigen des Volkes Diebstahl begeht, so soll er das Gestohlene zurückgeben und eine weitere Strafe durch den Geschädigten hinnehmen, die durch den Obersten der Gemeinschaft Rechtskraft gefunden hat. Wenn ein Angehöriger des Volkes einen Angehörigen des Volkes fälschlicherweise eines Vergehens beschuldigt und dies mit Vorsatz tut, so soll er öffentlich mit Schande beladen werden und jedwede Strafe vom Beschuldigten hinnehmen, die durch den Obersten der Gemeinschaft Rechtskraft gefunden hat."

*

„Wenn Streit und Zwietracht zwischen den Angehörigen des Volkes besteht und sie alleine keine Einigung finden können, so sollen sie sich an den Obersten der Gemeinschaft wenden. Sein Richterspruch soll den Streit beenden und muss von allen Streitenden angenommen werden. Wer aber diesem Richterspruch zuwiderhandelt, soll seine Strafe durch den Obersten der Gemeinschaft finden."

*

„Wenn ein Mensch seine Reise beendet hat und seine Seele von seinem Körper losgelöst ist, so sollen alle, die ihn geliebt haben, Abschied von seiner Seele und seinem Körper nehmen. Versammelt euch, gedenkt seiner und lobt sein Andenken. Kein schlechtes Wort möge an diesem Tage über ihn ausgesprochen werden. Jeder, dessen Herz ihn dazu ermutigt, soll vor den Trauernden reden dürfen. Doch lasst die Freude über die Trauer siegen, denn er ist zurückgekehrt in seine Heimat und frei von der Fessel der Körperlichkeit. Er ist den Weg gegangen, den wir alle gehen werden. Möge seine Seele schwelgen in der Ewigkeit. Und so begrabt seinen Körper unter die Erde und bewahrt sein Andenken und seine Seele wird in Allwissenheit eurer gedenken, bis auch ihr dereinst mit ihr vereint sein werdet."

*

„Wenn neues Leben geboren worden ist und eine Seele ihre Reise auf dieser Erde antritt, so gebt ihr euren Segen. Mögen Seele und Körper in Harmonie vereint sowohl Freud als auch Leid stets ehrenhaft und würdevoll tragen und ertragen. Mögen sie Schaffende und ihrem Volke wohlgesonnen sein. Möge dieses neue Leben seiner Familie Treue, Liebe und Gehorsam entgegenbringen und möge es ihr Freude, Glück und Ruhm bereiten. So feiert gemeinsam die Geburt jedes neuen Lebens und ehrt sie als den Beginn einer großen Reise, als die schönste Frucht der Vereinigung von Mann und Weib und als euren wertvollsten Schatz. Liebt eure Kinder und seid eingedenk, dass sie das sind, was ihr der Erde zurückgebt. Lasst sie also über euch hinauswachsen und empfangt den Lohn des ewigen Ruhmes."

*

„Wenn Krankheit über euch kommt und ihr das Leben nur noch als Leid erfahret, so soll niemand euch das Recht auf einen freien Tod nehmen können. Es ist euer höchstes Recht und es wird zur höchsten Pflicht, wenn das Leiden unheilbar ist. So ihr aber nicht mehr in der Lage seid, dieses Recht wahrzunehmen, so soll ein Freund oder Verwandter es für euch tun, wenn dieser Wille vorher von euch vor Zeugen in einem Testament festgehalten worden ist. Wenn jedoch keine Willensäußerung des Erkrankten vorhanden ist und er sein Recht nicht selbst wahrnehmen kann, so soll der Rat der Heiligen und Krieger darüber entscheiden."

*

„Wenn eure Kinder im Geiste gewachsen sind, sodass sie von einem Lehrer unterwiesen werden können, so trennt sie dort strengstens nach ihrem Geschlechte. Männer sollen die Jungen und Frauen die Mädchen unterweisen. Kein Lehrer und keine Lehrerin sollen mehr als zehn Kinder unterweisen. Die Kinder sollen ihren Lehrern Gehorsam und Respekt erweisen und so sie das nicht tun, sollen sie von den Lehrern gezüchtigt werden. Doch auch die Lehrer sollen den Kindern Liebe erweisen und ihr oberstes Ziel sei des Schülers gesundes Heranreifen sowohl im Körper als auch im Geiste. Alle in dem Schüler ruhenden Talente und Begabungen sollen entdeckt und zu Entfaltung gebracht werden. Nicht widerspruchslos Gehorchende, sondern vor allem schöpferische Geister mit Urteilsvermögen sollen das Ergebnis dieser Unterweisung sein."

*

„Der Oberste der Gemeinschaft soll im Rate der Krieger und Heiligen gewählt werden. Es soll der Beste der Gemeinschaft sein und diese auch am besten sowohl durch Sieg und Ruhm als auch durch Not und Niederlagen führen können. Sein Herz soll voller Mut und sein Geist voller Weisheit sein. Der Rat der Krieger und Heiligen wird ihm zur Seite stehen und seine Entscheidungen mittragen. Ihm sei alle Macht gegeben und jeder Angehörige der Gemeinschaft hat sich seinem Richterspruch zu beugen. Einzig der Rat der Krieger und Heiligen kann ihm diese Macht wieder nehmen, wenn er einstimmig abgesetzt wird. Der Rat der Krieger und Heiligen soll von den Männern der Gemeinschaft gewählt werden. Sie bilden die Besten der Gemeinschaft. Wer immer in diesen Rat gewählt wird, hat mit ganzer Kraft für das Wohl der Gemeinschaft einzutreten und ist von allen anderen Aufgaben befreit. Alles Streben des Rates und der Obersten soll dahin gehen, dass ihre Gemeinschaft wächst und siegreich ist. Vereint bilden diese Gemeinschaften ein Volk. Jede Gemeinschaft, die sich zu dem Buch der Weisheit bekennt, gehört diesem Volke an. Dieses Volk ist das Volk der Abendländer ."

*

„Woran glauben wir?

1. Wir glauben, dass der allmächtige Schaffensgeist der Schöpfer allen Lebens und eins mit der ewigen Urkraft ist, die gemeinsam im Unendlicheinigen wirken.

2. Wir glauben, dass Macht, Liebe, Geist und Trieb die vier Regulative sind, durch die das

Unendlicheinige Wirken, Handeln und Denken des Menschen im Raume bestimmt.

3. Wir glauben, dass der Mensch der Sinn der Erde ist und er, nachdem er die Herrschaft über alles Leben errungen hat, aus seiner Mitte einen Menschenfürsten erheben wird, dem alle Völker der Erde Untertan sein werden.

4. Wir glauben, dass die Seele des Menschen unsterblich und ein Teil der ewigen Urkraft ist, die das Leben selbst ist und solange zwischen Raum und Unendlicheinigen wandeln wird, bis der Raum selbst das Unendlicheinige ist.

5. Wir glauben, dass in der Verbindung der ewig-einigen Urkraft mit der Urmasse der Ursprung der Formenwelt liegt, die seitdem im Wandel begriffen ist und dies solange sein wird, bis sie zum Sein des Unendlicheinigen geworden ist, und dass durch diese Verbindung das Urprinzip des Antagonismus entstanden ist, der alles Werden bestimmt.

6. Wir glauben, dass der Mensch durch seinen Geist sich erheben oder fallen wird in der Rangordnung des ewigen Schaffensgeistes: Erhöhung oder Erniedrigung, einen anderen Weg gibt es

nicht.

7. Wir glauben an die Ungleichheit der Men-
schen. Überall gibt es ein oben oder ein unten,
ein stark sein oder ein schwach sein, ein
Herrschen oder ein Dienen, Mann oder Frau,
Vater oder Kind, Seele oder Körper, alles ist
Ungleichheit und Gegensatz."

Das große Opfer

*

Und abermals gingen Ignatius und seine Brüder nach Manresa, um Waren einzutauschen, deren sie in ihrer Zurückgezogenheit bedurften und nicht durch ihre eigenen Hände hervorbringen konnten. Und als sie in die Stadt kamen, trafen sie allerlei Volk, das in wilder Ausgelassenheit feierte und sich auf den Straßen an Wein und körperlicher Lust berauschte. Die ganze Stadt war in einem großen Freudentaumel und jegliche Ordnung schien aufgehoben zu sein. Da trat ein Tänzer zu Ignatius, reichte ihm einen Becher voll Wein und sprach zu ihm: „Kommt, meine Freunde, feiert mit uns, heute seid ihr unsere Gäste und, was immer ihr ersehnt, wird heute Wirklichkeit. Kommt, trinkt und berauscht euch an unserem Wein und an unseren Weibern. Vergesst Schwere und Drangsal des Lebens und seid glücklich. Heute wenigstens wollen wir feiern und glücklich sein, denn morgen herrscht wieder die Trübsal des Alltages." Und so eilte er davon und warf sich in die berauschte Menge, um sich und sein mühevolles Leben vergessen zu machen. Da sprach Ignatius zu seinen Brüdern: „Schaut diese Sklavenseelen, sie stöhnen, ächzen und quälen sich unter der Last ihres erbärmlichen Lebens. Und wenn diese Last für einige Stunden von ihnen genommen wird und sie endlich ihre Sehnsüchte und innigsten Wünsche leben dürfen, finden sie nichts Größeres als Wein und Weib. So wird der Pöbel sich stets verraten, denn so ist seine Natur. Wein und Weib werden immer seines Körpers mächtigstes Verlangen sein. Gib ihm dies und er wird euch treu ergeben sein und nicht von eurer Seite weichen. Doch lasst ihm nur seine Freuden. Glaubt jedoch niemals, ihr könntet ihm eure Freuden lehren. Was weiß er von geistigen Freuden? Was weiß er vom Rausch der Gedanken? Was weiß er von der Liebe zur Weisheit? Seht ihn euch an, meine Brüder; das ist seine Natur und er wird sie niemals ablegen. Deshalb wird er auch niemals herrschen können, denn wer herrschen möchte, muss auch die Natur dazu besitzen. Und wer immer ihn zum Herrschen auffordert, ist ein Lügner und ein Heuchler. Er strebt nur seine eigene Herrschaft an und benutzt ihn, um sich auf den Thron zu bringen. Doch auch ihr werdet ihn benutzen, denn das ist sein Schicksal und seine Natur macht ihn zum Diener und Sklaven. Aber ihr werdet aufrichtig zu ihm sein und ihm seinen wahren Platz bedeuten. Und er wird es euch nicht übelnehmen, denn tief in seinem Herzen weiß er, wo er steht, und dass er zum Dienen geboren ist. Und solange ihr ihm seine beiden größten Freuden lasst, wird er euch mit all seinem Herzblut dienen. Seid also nachsichtig mit ihm und lasst ihm seine Freuden, so wird er euch gut zu Diensten sein." Und so verließen sie die tobende Menge und gingen ihres Weges, um eine Bleibe zu finden, damit sie am darauf-folgenden Tage die wieder nüchtern gewordenen Händler aufsuchen könnten.

*

Unruhig war die Nacht und wie ein Sturm wütete das berauschte Volk in den Straßen. Weder Ruhe noch Schlaf fanden Ignatius und seine Brüder in ihren Betten und so ließen sie ab von diesem Begehren und flüsterten in der tiefen Dunkelheit der Stube einander zu. So sprach Nicolas, der Bildhauer, zuerst: „Es ist seltsam, obgleich hier alles reicher und schöner als bei uns in den Bergen versehen ist, kann ich daran keinen Gefallen finden. Man hört hier keine Abendvögel singen, der Duft der Abendluft erreicht hier meine Sinne nicht und nicht einmal an dem Feuerrot der untergehenden Sonne kann mein Auge sich hier ergötzen. Es ist ein trostloser Ort und für nichts in der Welt tauschte ich ihn mit unserer ärmlichen Behausung in den Bergen ein." Und seine Brüder stimmten ihm zu, denn sie fühlten ebenso und auch sie vermissten den Zauber ihrer Berge. Und Nicolas, der Arzt, antwortete ihm: „Sie besitzen Geld und Wohlstand, um sich reich verzierte Gewänder, prachtvolle Pferde und Frauen zu kaufen. Doch macht sie das glücklich? Trotz all dem schuften und quälen sie sich jeden Tag und machen sich selbst zu Sklaven. Einzig die Erwartung dieses elnen ausgelassenen Tages lässt sie all die anderen sie unterdrückenden Tage ertragen. Dennoch wähnen sie sich erhaben und über den anderen Völkern stehend, da sie durch Reichtum und ihren Wohlstand alle anderen Völker überragen." Da lächelte Ignatius, denn er vernahm seine eigenen Gedanken und Worte und erfreute sich daran, wie sehr sie bereits das Leben in den Bergen liebgewonnen hatten. „Meine Brüder, eure Worte sind gut gesprochen und ihr empfindet die Verirrung dieser Menschen in rechter Weise. Deshalb lernt aus ihrer Krankheit und widersteht ihren Verlockungen. Auch euch werden sie damit zu bezirzen und in ihre Krankheit zu reißen versuchen. Wie gern gehorcht doch der Mensch dem Lockruf des Geldes. Doch ihr seid dazu bestimmt, ihm zu widerstehen. Und nicht allein eure Vernunft, sondern vor allem eure Liebe zum Leben macht euch zu Widerstehenden. Nährt in euch den Ekel und die Abscheu vor diesem Dahinsiechen in der Sklaverei des Geldes und euer Herz wird stark werden und euch auf dem rechten Weg halten."

*

Am folgenden Morgen verließen Ignatius und seine Brüder müden Auges ihre Bleibe, um ihre Waren bei dem Händler einzutauschen. Doch die Stadt schlief und auch die Händler waren noch nicht auf dem Markt erschienen, da erblickten sie einen Haufen von Beutelabschneidern und Meuchelmördern, wie sie den auf den Gassen vom Schlaf überwältigt Liegenden das Geld aus den Taschen zogen. Sie hatten ihre Messer gezogen und waren bereit, den Bestohlenen zu erdolchen, so er sich wehren sollte. So gingen sie von Opfer zu Opfer und ihre Beute muss groß gewesen sein, denn ihre Gesichter lachten, als sie den Marktplatz verließen. Da sprach Ignatius zu seinen Brüdern: „Seht wie es in der Stadt zugeht. Sie lieben einander nicht, denn ihr Zusammenleben ist einzig auf gegenseitigem Nutzen gegründet. Und so misstrauen sie einander und, wie ihr gesehen habt, zu Recht. Stets leben sie in Furcht vor den Nachbarn, die sie bestehlen oder morden könnten. Und so der Vorteil ihres Hierseins verloren geht, ziehen sie weiter und suchen eine neue Stadt, die ihnen Nutzen bringt. Die Stadt kennt keine Völker, denn sie ist der Tod aller Völker. Doch ihr meine Brüder sollt zu einem Volk werden. Ihr liebt einander und so wird auch jeder in eurem Volk seinen Nachbarn in Liebe und Vertrauen zugetan sein. Und so es dort Diebe, Mörder oder Ehebrecher geben sollte, werden sie mit Schande belegt und wie eine Krankheit ausgebrannt werden. Euch werden nicht Nutzen und Vorteil aneinanderbinden, sondern das Verlangen nach einer Gemeinschaft von Gleichgesinnten, die tiefe Sehnsucht, Teil eines gemeinsamen Volkes zu sein, das Streben nach Macht und vor allem ein gemeinsamer Glaube." Da hielt Ignatius inne und er blickte seinen Brüdern in ihre Gesichter und er las einen Zweifel in ihnen und so frug er sie, was ihre Bedenken seien. Da antwortete ihm Peter, der Wanderer: „Meister, wir sind mit dir, weil wir deinen Worten glauben und ihre Weisheit erkannt haben. Doch wenn die Stadt das ist, was du von ihr sagst, weshalb sind wir dann hier? Weshalb folgen auch wir ihrem Lockruf, Vorteil und Nutzen suchend? Machen wir uns nicht zu Heuchlern?" „Dieser Biss eures Gewissens ist recht und er entspringt eurem Verlangen, euch rein und aufrichtig zu halten. Doch fürchtet nichts, weder seid ihr Heuchler noch Unreine, wenn ihr euch unter diese mischt. Vielmehr seid ihr Lernende und als solche müsst ihr sowohl die Krankheit erkennen als auch euren neuen Weg gehen lernen. Niemand findet all das in sich selbst. Schaut, erkennt und lernt aus dem, was ihr hier seht und so wird der Tag kommen, an dem ihr frei und unabhängig miteinander leben könnt und der Menschen in der Stadt nicht mehr bedürfen werdet. Doch seid nicht ungeduldig und nährt in euch Ekel und Hass vor dieser Art des Zusammenlebens." Und als die Händler dann auf dem Markt erschienen, tauschten Ignatius und seine Brüder ihre Waren ein und verließen die Stadt, um in ihre Wälder und ihre Einsamkeit zurückzukehren. Und ihre Herzen erfreuten sich sehr, denn sie waren mit einem tiefen Heimweh erfüllt. Und so sangen sie gemeinsam auf ihrem

Heimwege ihr neues Siegeslied. Rodrigues, der Dichter, hatte die Verse geschmiedet und so sang jeder der Brüder eine Strophe davon:

„Wer hat die Farben in die Welt gebracht

Der Erde unerreichte Kleiderpracht?

Wer hat den Vögeln das Fliegen gelehrt

Im Himmel selbst das Leben vermehrt?

Wer hat des Windes tosende Gewalt

Losgelassen, dass es auf den Fluren schallt?

Wer hat die Sonne in die Mitte gesetzt,

Dass alles Leben nach ihr lechzt?

Welchen Namen kann ich geben

Dem Ursprung all dieses Strebens?

Ich nenne ihn die Schaffenskraft.

Oh wie unendlich ist ihre Macht.

Sie ist in mir und auch in dir,

In jeder Pflanze und in jedem Tier.

Sie kennt keinen Anfang und kein Ende,

Keinen Raum und keine Zeitenwende.

Eine Kraft, die stets Neues schafft,

Doch in höherer Ordnung eingefasst.

Erkenne die Ordnung und ihren Sinn.

Doch wo will all dieses Streben hin?

Alles Leben auf Erden strebt nach mehr

Von diesem Leben und egal wie schwer

Dies Ringen und dies Kämpfen ist:

Einen anderen Weg kennt es nicht.

Die dem Tode geweihte Lebensform,

Des Lebens Ausdruck, die heute gebor'n

Und morgen schon zu Staube wird,

Hat eine Kraft gleich Pferden angeschirrt.

Und was immer auch der Mensch erwäge,

Diese Kraft bestimmt auch seine Wege.

Der Wille zur Macht ist der Wille zum Leben,

Das ist der Sinn hinter all diesem Streben.

Und wer immer dieses Streben hemmt

Erniedrigt die Seele, indem er verkennt

Des Lebens Ursprung und dessen Sinn.

Die ewige Urkraft ist die Lebensgeberin.

Sie ist das Leben, das sich überall regt

Und ewig in eine Richtung strebt.

Von diesem Leben ist die Erde so voll,

Dass jedes Geschöpf ihr dienen soll.

Doch Gier ist die stärkste Waffe des Geldes.

Sie bindet die Menschen und ihr gefällt es,

So viele sie kann im Elend zu sehen,

Wenn ihre Träume zuschanden gehen.

Sie hat des Menschen Geist geblendet,

Macht dem Gelde gebracht, doch sie endet

Wenn Blendwerk und Zauber hinweggeflogen

Und der Mensch begreift, er ward betrogen.

Dann wird des Menschen Geist erhoben sein

Mit dem Geiste der Urkraft wieder vereint.

Der Tag des Erwachens er ist schon nah.
Man wird seines Weckrufs überall gewahr.
Blut kämpft die Entscheidungsschlacht,
Durch die der Mensch zum Leben erwacht.
Die höheren Menschen führen zum Siege
Das Menschengeschlecht mit neuem Ziele.
Der Mensch wird wieder Herr über sich,
Indem er des Geldes Herrschaft zerbricht.
Der Geist wird wieder auf dem Throne sitzen,
Die Triebe leiten und den Willen richten.

„„Kampf ist die Forderung der Erde'"‟,
Ruft das Blut und erfüllt die Herde
Mit neuem Mut, um des Geldes Joch
Abzuschütteln. „„Ja wir leben noch!'"‟,
Rufen die Krieger und zieh`n in die Schlacht,
ihr Geist ist erneuert, ihre Seele erwacht:

„„Die Seele lebt ewig, doch Geld ist tot,
Und so gibt es für uns nur ein Gebot:
Ein Volk zu werden und zu suchen den Krieg
Und zu erringen des Menschenfürsten Sieg.""

*

Und so sangen und lachten Ignatius und seine Brüder voller Vorfreude ihres Weges gehend und hatten bereits die Berge erreicht, als sie einen schmalen und steilen Weg hinaufsteigen mussten. Da hörten sie plötzlich die Schritte schwerer Pferde und das Gelächter ausgelassener Menschen. Und als sie den Weg weiter hinangestiegen waren, sahen sie sich einigen Reitern gegenüber, die mit reich verzierten Gewändern voll Hochmut auf sie herabblickten. In ihrer Mitte trugen Diener eine Sänfte, aus der ein fleischiges Gesicht herausblickte und den Reitern zurief „Verjagt mir dieses Gesindel und macht mir den Weg frei, Männer. Wir haben wenig Zeit, denn ich möchte noch vor dem Abend in Manresa sein." Und so ergriffen die Reiter ihre Pferdepeitschen und schlugen auf Ignatius und seine Brüder ein, ihrem Herrn gehorchend. Da zogen Ignatius` Brüder ihre Schwerter, holten die Reiter von ihren Pferden herunter und töteten sie alle ohne Ausnahme. Auch die Diener hieben sie nieder und einzig den Herren in der Sänfte ließen sie am Leben, um ihn gebunden mitzuführen. So warfen sie die Leichen der Reiter und die Sänfte das Tal hinab, entließen die Pferde in die Freiheit und setzten ihren Weg fort. Und da der reiche Herr seine Beine zum Gehen zu gebrauchen nicht gewohnt war, vor Schmerzen wimmerte und vor Wut schrie, stopfte ihm der Krieger einen Lumpen zwischen die Zähne und befestigte ein Seil an seine gebundenen Hände. Das andere Ende des Seiles in seinen Händen, zog Diego, der Krieger, den reichen Herren mit sich, bis sie am Abend endlich ihre Hütte in den Bergen erreichten. Dort banden sie den reichen Herren an einen Baum und gingen in ihre Hütte, um ihren müden Gliedern Erholung und ihren ausgehungerten Bäuchen Speise zu geben.

*

Als am nächsten Morgen der Sonne Strahlen die Dunkelheit aus der Bruderschaft Stube vertrieb, erwachte Ignatius und erhob sich von seinem Lager, gürtete sich und ging zu dem Manne, der an den Baum gebunden war. Er nahm den Lumpen aus seinem Munde und sogleich bewegte sich seine Zunge und sprach zu Ignatius: „Ich weiß nicht, wer ihr seid und was ihr mit mir vorhabt, doch ich sehe ein, dass ich euch Unrecht getan habe und eure Wut gerecht ist. Vergebt mir meinen Hochmut und lasst mich frei und ich werde euch reich belohnen. Ich besitze mehr Geld, als ihr jemals gesehen habt und ihr sollt es erhalten. Ich mache euch zu den glücklichsten Menschen der Welt und alles, was ihr euch erträumt, wird mein Gold zur Wirklichkeit werden lassen. Kein Wunsch und kein Verlangen wird euch unerfüllt bleiben. Das Schicksal hat mich euch zugeführt und ihr werdet ihm ewig dafür danken." Da lächelte Ignatius in seinem Herzen, denn auch er erkannte des Schicksals Macht. Und er ging zu seinen Brüdern, riss sie aus ihren Träumen und befahl sie zu sich. Und so begab er sich abermals gemeinsam mit seinen Brüdern zu dem reichen Manne am Baume, damit auch sie seine Worte vernahmen.

*

So standen sie allesamt vor dem am Baume Gebundenen und schauten in seines an Siegen gewohntes Gesicht. Da sprach Diego, der Krieger, zu ihm: „Es ist wahr, das Schicksal hat dich zu uns geführt und dein Hiersein wird unser Sosein neu bestimmen. Noch vor wenigen Jahren wärest du uns allen das ersehnte Tor zu Reichtum und Wohlstand gewesen, doch nun, da unsere Seelen geläutert sind, bist du uns das Tor zur Ewigkeit." Und so zogen sie ihre Schwerter und stießen sie in des reichen Mannes Eingeweide. Sodann tauchten sie ihre Hände in sein Blut und legten sie auf ihre Gesichter, so dass ihre Antlitze dunkel wurden. So standen sie in einem Kreise um den am Baum Gerichteten herum, ergriffen ihre blutigen Hände und gingen in die Knie, als sie die Worte sprachen: „Ewigeinige Urkraft, Quell allen Lebens, gib uns deinen Geist, auf dass deine Weisheit in uns wohne. Ewigeinige Urkraft, Quell allen Lebens, gib uns deine Kraft, auf dass deine Macht in uns wirke. Ewigeinige Urkraft, Quell allen Lebens, gib uns deine Liebe, auf dass wir deine Schöpfung ehren. Ewigeinige Urkraft, Quell allen Lebens, gib uns deine Beständigkeit, auf dass wir niemals schwanken. Ewigeinige Urkraft, Quell allen Lebens, gib unseren Seelen Kraft, auf dass unser Körper ihr Werkzeug werde. Mit Blut waschen wir uns rein und bringen dir zum Opfer unsere letzte große Versuchung. Ewigeinige Urkraft, Quell allen Lebens, aus deiner Quelle schöpfen wir hinfort." Und so gingen sie, um sich im See zu baden und das Blut von ihren Leibern abzuwaschen. Und als sie aus dem Wasser ge-

159

kommen, ihre Leiber getrocknet und neue Kleider angelegt hatten, sprach Ignatius zu seinen Brüdern: „Neu geboren seid ihr nun, denn ihr habt das große Opfer gebracht und damit euch das Tor zum Ewigeinigen eröffnet. Eure Seelen sind gereinigt und eins mit des Lebens großer Kraft. Lasst uns dieses Tages gemeinsam als des Tages eurer Geburt zu Kriegern des Menschenfürsten gedenken, denn zum Krieger wird der Mann, wenn er aus freier Entscheidung den großen Scheideweg geht. Gemeinsam gehen wir diesen Weg, denn gemeinsam haben wir die Macht des Geldes in Blut ertränkt. Blut möge fortan das Symbol sein, welches uns zu Fürsten des Ewigeinigen und zu freien Menschen macht." Und so feierten sie diesen Tag als den großen Tag ihrer Befreiung vom Sklavendasein und bewahrten ihn in ihrem Gedächtnis. Doch den reichen Mann ließen sie unbestattet am Baume gebunden, damit er den wilden Tieren zur Nahrung und ihnen selbst zum Mahnzeichnen werde. Und Rodrigues, der Dichter, nahm ein gelbfarbenes Brett, schrieb mit dem Blute des Opfers darauf „Herrscher der Welt, vom Blute überwunden" und nagelte es über das Haupt des Getöteten an den Baum. Sodann breiteten sie ihre Arme aus und sprachen gemeinsam die Worte:

„Ewiger Schaffensgeist wirke in uns,
Lass uns eine Gemeinschaft sein,
Auf dass wir halten unseren Bund
Und unseren Brüdern stets verzeih`n.

Lass des Lebens ganze Kraft
Durch unsere Adern fließen.
Erfülle uns mit deiner Macht,
Ja mache uns zu Riesen.

So werden wir im Geiste vereint
Die Feinde niederschlagen,
Die Herren dieser Erde sein,
Ruhm und Ehre in uns tragen."

*

Am nächsten Morgen begab sich Ignatius in den Wald, um den Schicksalsbaum aufzusuchen. Müden Fußes schritt er seines Weges, als sein Freund, der Adler, ihn hoch oben am Himmel erblickte und zu ihm flog. „Wohin gehst du alter Mann? So lange sahen wir einander nicht, dachte ich doch schon, du weiltest unter den Toten. Was tust du hier und wohin drängen dich deine alten Füße?" Da frohlockte das Herz Ignatius`, seinen alten Freund wieder zu sehen und er antwortete ihm: „So viele Jahre habe ich dich nicht mehr gesehen und auch ich wähnte dich bereits im Reiche des Unendlicheinigen. Dennoch hat das Schicksal uns noch einmal zusammengeführt, ein letztes Mal: Spüre ich doch, wie meine Lebenskraft zur Neige geht. Doch du wirst mein Gedächtnis in die Welt tragen. Eine Bruderschaft habe ich geschaffen, durch Blut verbunden, die einen neuen Adel und ein neues Volk begründen wird. Der Mensch ist nicht verloren, denn er wird neu geboren werden. Einen neuen Menschen mit neuen Werten und einem neuen Glauben gebe ich der Erde. Trage diese frohe Botschaft in die Welt und bewahre mein Gedächtnis in deinem Herzen. Lebe wohl mein Freund, das nächste Mal sehen wir uns in der Unendlichkeit." Und so flog der Adler hinfort und Ignatius schaute seinen mächtigen Flügelschlag, wie er vom unendlichen Blau des Himmels verschlungen wurde. Und er setzte seinen Weg fort und als er schließlich sein Ziel erreicht hatte, kniete er nieder, breitete seine Arme aus und sprach:

„Ewiger Schaffensgeist, Quelle aller Weisheit, lege deinen Geist in meine Seele, auf dass ich deine Weisheit in mir trage.

Ewiger Schaffensgeist, Quelle aller Liebe, erhebe mein Herz, auf dass ich eins werde mit dir.

Ewiger Schaffensgeist, Quelle aller Schönheit, gleich der Sonne Strahlen lächele mir zu, auf dass ich ihren Reichtum in mir spüre.

Ewiger Schaffensgeist, Quelle allen Lebens, durchströme meinen Leib, auf dass er dir allein diene.

Ewiger Schaffensgeist, Quelle aller Tugend, lass mich deine Vollkommenheit schauen, auf dass mich ewige Bande binden.

Ewiger Schaffensgeist, Quelle aller Lust, lass mich von deinen Früchten Kosten, auf dass mir des Lebens Bürde leichter werde.

Ewiger Schaffensgeist, Quelle allen Geistes, wirke in mir, auf dass mir meines Lebens Ziel niemals verloren gehe."

*

Dann begab er sich in das Innere des Schicksalsbaumes, schloss seine Augen und verlor sich selbst. Tief ging sein Geist, tief in die Erde und wurde eins mit dem Geiste der Urkraft. Und im Traume sah er seinen Adler, wie er stolz und erhaben seine Kreise am Himmel zog. Und als er endlich seine Beute im Dickicht entdeckt hatte, warf er sich kraftvoll auf sie. Da hielt er sie in seinen Klauen und wollte wieder in die Höhe, als sich plötzlich unzählige Tauben auf ihn stürzten. Der Adler traute seinen Augen nicht und wutentbrannt tötete er die unwürdigen Tiere. Doch es kamen immer neue Tauben hinzu und trachteten danach, ihn in der Tiefe zu halten. Hunderte hingen an seinem Federkleide und zerrten an ihm. Schließlich fiel der Adler zu Boden und die Tauben hackten mit ihren Schnäbeln seine Augen aus und brachen ihm die Flügel. Dann warfen sie ihn in eine Grube, in der viele weitere besiegte Adler lagen, um den Tauben zu dienen. Entstellt und gedemütigt lag nun der Adler in der Grube, doch hoch in den Bergen, die keine Taube erreicht, wusste er sechs Eier in seinem Nest. Aus ihnen sollten schon bald seine Küken schlüpfen und von ihrer Mutter zu kräftigen Adlern herangezogen werden, um der Tauben Frevel zu sühnen. Und schließlich öffneten sich seine Augen und Ignatius verließ den Baum und auch den Wald, um seinen Brüdern von seiner letzten Eingebung zu berichten. Als Ignatius spät am Abend zu seinen Brüdern kam, saßen sie wie jeden Abend bei dem Lagerfeuer und erwarteten die Rückkunft ihres Meisters. Und als er endlich erschienen war, da umarmten sie ihn, küssten seine Hände und halfen ihm, seinen gewohnten Platz einzunehmen. Da wärmte sich Ignatius am Feuer, nahm Speise und Trank ein und sprach zu seinen Brüdern „Dies ist meine letzte Wanderung gewesen und die Ernte, die ich euch bringe, ist groß. Meine Brüder, erhebt eure Herzen und vernehmt nun meine letzte Offenbarung:

Die siebente Offenbarung

*

„Die Welt wird schon bald eine Hölle sein. Die Überflüssigen werden sie zu einer solchen gemacht haben, obgleich sie den Himmel auf Erden versprechen. Sie wollen einen neuen Menschen schaffen und alles, was sie schaffen, ist ein Tier ohne Zukunft. Sie wollen einen unsterblichen Menschen ohne Krankheit schaffen und alles, was sie schaffen, ist Krankheit und Tod. Sie wollen die Menschen glücklich und wohlhabend machen und alles, was sie schaffen, ist Not und Unersättlichkeit. Diese Unvermögenden, sie wissen selbst nicht einmal zu leben und wollen das Leben neu erschaffen. Alles, was sie berühren, wird ihnen zur Krankheit. Der Mensch wird ihnen zur Krankheit, mit der sie die Welt in eine Hölle verwandeln. Wie ein Parasit übersät dieser kranke Mensch die Erde und saugt sie aus. Er nimmt ihr ihre Schönheit, er nimmt ihr ihre Vielfalt, er nimmt ihr ihre Fruchtbarkeit, er nimmt ihr ihre Vollkommenheit und macht sie zu seiner Hölle. Doch diese Hölle wird nicht ihr Verhängnis sein. Sie wird sein Verhängnis sein. Diese Hölle wird nicht die Erde, sondern diesen kranken Menschen vernichten. Meine Brüder, seid auf diese Hölle vorbereitet und haltet an eurem

166

Glauben fest. Euer Glaube wird aus dieser Hölle emporsteigen wie Phönix aus der Asche und den neuen Menschen schaffen. Dieser Mensch, der von euch geschaffen wird, ist der Wille des allmächtigen Schaffensgeistes. Erst wenn alle Krankheit der Überflüssigen ausgerottet sein wird, wird dieser neue Mensch herrschen können. Ihr seid die Auserwählten, die wie ein Sturm durch das Feuer dieser Hölle schreiten werden, um als neue Menschen aus ihr hervor-zugehen. Ihr werdet den Menschen nicht verloren geben, denn ihr kennt seine wahre Bestimmung. Ihr werdet der Krankheit der Überflüssigen nicht verfallen, denn ihr werdet ihre Vernichter sein."

*

„Einst kam das Wort Zarathustras zu den Menschen, doch die Menschen waren taub und konnten es nicht hören. Und das Wort wanderte und sprach in allen Sprachen der Welt zu den Menschen, aber die meisten konnten es nicht hören. Doch in jedem Volk gibt es Auserwählte, die das Wort hören können und es in ihren Herzen tragen. So hat das Wort auch mich gefunden und mir eine Stimme gegeben, damit ich es auch in die Welt trage. Meine Brüder, die ihr ebenso dieses Wort in euren Herzen traget, lasst uns gemeinsam dieses Wort in die Welt tragen. Lasst das Wort zur Tat werden. Lasst uns seine Wahrheit in den Marmor der Geschichte schlagen. Lasst uns endlich zu Schaffenden werden und den Menschen zu seiner Bestimmung führen. Lasst uns endlich die Erde von seiner Krankheit befreien, auf dass ein neuer Mensch geboren wird, der alles Dagewesene in seinen Schatten stellt. Alles, was Zarathustras Wort vom Menschen sagte, ist wahr gewesen und wie tief ist seitdem der Mensch noch gesunken. Was haben sie aus dem Menschen gemacht? Hat es jemals eine solche Kreatur gegeben? Und was haben sie aus der Erde gemacht? Was haben sie mit den Geschöpfen der Erde gemacht? Vernichter sind es und sie werden nicht ruhen, bis sie alles vernichtet haben. Deshalb ist die Zeit gekommen, dass dieses Wort zur Tat wird. Denn nur dieses Wort, das zur Tat geworden sein wird, wird diese Vernichter auslöschen. So wie dieses Wort allein den Vernichter des Menschen erkannt hat, so ist es auch nur ihm gegeben, ihn zu vertilgen. Die Zeit wird schon bald kommen, dass der Baum der Weisheit zu einem Sturm wird: Einem Sturm, der die den Menschen angelegten Ketten sprengen wird. Einem Sturm, der die Vernichter der Erde austilgen wird. Einem Sturm, der die Macht des Geldes brechen wird. Findet zueinander Brüder und beendet die Demütigung des Menschen. Erhebt den Menschen zu seiner wahren Größe und werdet zum Volk der Abendländer."

*

„Meine Brüder flieht die Stadt und ihrem Gestank der Gier, Knechtschaft und Krankheit. Werdet Bauern und eins mit der Erde, die eure Mutter ist. Tötet den Geist der Stadt in euch und befreit euch selbst von der Knechtschaft des Geldes. Lebt von eurer eigenen Hände Arbeit und davon, was die Erde euch gibt. Auf dem Lande, wo das Geschrei des Pöbels und die Macht des Geldes erloschen sind, werdet ihr die leise Stimme des Weisheitsbaumes hören. Sie wird euren Geist erneuern und die Landluft wird euch mit neuem Leben erfüllen. Dort werdet ihr die Begründer einer neuen Gemeinschaft - der Gemeinschaft der Abendländer. Lebt in meinem Geiste und ihr werdet wachsen. Dann wird die Ernte eures Geistes so groß sein wie die Ernte auf euren

Feldern und dereinst werdet ihr ein Volk sein -
das Volk der Abendländer. Seid also Schaffende,
meine Brüder, und flieht die Stadt. Nehmt eure
Frauen und eure Kinder und gründet die Ge-
meinschaft der Abendländer. Dann werdet ihr der
Samen eines neuen Volkes sein, die ihr euch mit
der Erde verbindet, auf dass sie neues Leben
hervorbringe. Meine Brüder, seid Schaffende,
seid Bauern, seid Erzieher, seid Begründer, seid
Familienväter, seid der Adel eines neuen Volkes."

*

„Meine Brüder, lasst die Schafe weiter auf der
Weide grasen und in Angst vor dem nächsten
Angriff der Raubtiere zusammenstehen. Wir
entfernen uns von ihr und werden selbst zu
Raubtieren. Was kümmert uns ihr jämmerliches
und sinnloses Dasein. Sie waren schon verloren,
als sie sich ihrem Schafsdasein ergaben, da
wurde ihr Schicksal besiegelt. Doch ihr, meine
Brüder, ihr sollt nicht teilhaben an diesem Schick-
sal. Ihr werdet zu Raubtieren und verlasst diese
verlorenen Herden, auf dass ihr euch und eure
Familien rettet. Erwerbt Land, soviel ihr könnt,
und lebt von eurer Hände Arbeit. Unterrichtet
eure Kinder selbst und lebt nach der Lehre des
Weisheitsbaumes. Je größer eure Gemeinschaft

sein wird, desto mehr Macht und desto mehr Kraft werdet ihr in euch spüren. Ihr werdet das Volk der Zukunft sein, deshalb flieht nicht die Schafe, weil ihr eine eigene Weide sucht, sondern flieht die Schafe, weil ihr Raubtiere werden und dereinst wieder auf Raubzug gehen wollt. Ihr meidet nicht die Schafe, weil ihr zu schwach, sondern weil ihr zu stark seid. Eure Natur verachtet sie und der große Ekel ist euch gekommen. Ihr habt verstanden, dass der Mensch kein Schaf, sondern ein Raubtier ist. Nicht in einem friedfertigen Schafe liegt seine Bestimmung, das ist der Weg der Sinnlosigkeit, sondern in einem höheren Raubtiere. Das Raubtier mit Geist feststehend im gesunden Glauben, das ist die Bestimmung des Menschen. Nicht kleiner, schwächer und dümmer, sondern größer, stärker und geistvoller soll der Mensch werden. Es gibt nur zwei Wege; hinab zum Tier oder hinauf zum Menschenfürsten. Ihr, meine Brüder, habt den rechten Weg eingeschlagen, denn ihr kennt beide Wege und ihr wisst, wohin sie führen. Lasst die Schafe den Weg der Tiere gehen, sie fühlen sich wohl, denn ihrer Natur ist danach. Wie sollten sie auch den höheren Weg gehen können? Sie besitzen weder Geist noch Kraft. Wie sollten sie auf diesem Wege bestehen können? Doch ihr, meine Brüder, die ihr Geist und Seelenkraft in euch spürt, ihr schwankt nicht, ihr geht den Weg eurer Bestimmung. Dieser Weg ist voller Drangsal, Gefahren und größter Entbehrung, denn es ist der Weg des Sturmes. Ihr seid nicht die Einzigen, die ihn gehen, doch ihr geht ihn am längsten. Ihr führt den Menschen zu seiner wahren Bestimmung. Ihr macht den Menschen zu einem Menschenfürsten."

*

„Die Überflüssigen haben ihre Freuden, die ihre Rauschmittel sind, damit sie ihr erbärmliches Leben ertragen können. Sie berauschen sich an Drogen und Alkohol. Sie berauschen sich am Konsum und an Geld. Sie berauschen sich an Maschinen und an der Geschwindigkeit. Sie berauschen sich an ihrer Lust und ihrer erbettelten Sinnlichkeit. Auch ihr, meine Brüder, habt eure Freuden, doch dienen sie nicht dazu, euch zu betäuben und euer jämmerliches Leben vergessen zu machen, sondern euch zu erhöhen und eure Macht noch stärker in euch spüren zu lassen. Eure Freude ist nicht der Wein, der eure Sinne abstumpft und euch zum Tier werden lässt. Eure Freude ist nicht das Geld, das euch zu Sklaven macht. Eure Freuden sind nicht die Maschinen, die euch faul, träge und krank werden lassen. Eure Freude ist nicht die erbettelte Lust, die euch zu Haustieren werden lässt. Eure Freude ist die Jagd im Walde, wo eure Sinne geschärft werden und ihr eurer Natur des Jägers frönen könnt. Eure Freude ist die Freude der Wollust, die ihr mit der größten Hingebung genießt und die weder durch die Fesseln der Scham noch durch die Mauern der Ängste niedergedrückt ist. Eure Freuden sind die Freuden des Krieges und der Herrschsucht, die euch zu Ruhm und Ehre führen oder euer Leben ehrenhaft beenden. Eure Freuden sind die Freuden des Geistes, die ihn erweitern und euch zur Weisheit führen. Das sind eure Freuden meine Brüder und weder machen sie euch krank, noch müsst ihr euch ihrer schämen, sondern sie machen euch stärker und größer. Und sowohl euer Stolz als auch ihr selbst wachst durch sie. Meidet also die Freuden der Überflüssigen, auf dass ihr nicht krank und schwach werdet wie sie, sondern genießt die Freuden des höheren Menschen, die edel und ohne Schande sind."

*

„Die Überflüssigen haben ihre Ängste, die sie ein Leben lang jagen und sie krank machen. Sie haben Angst vor dem Tode, weil sie nicht wissen, was sie nach ihm erwartet und weil ihnen mit ihm alles genommen wird, wofür sie gelebt haben.

Sie haben Angst vor Krieg, weil sie nicht zu kämpfen wissen und schwach sind. Sie haben Angst vor dem Nichts, weil sie an nichts mehr glauben können und in Sinnlosigkeit dahinvegetieren. Sie haben Angst vor Krankheiten, weil ihre Lebensweise sie krank macht und sie nicht wissen, wie sie ihre Gesundheit erhalten können. Sie haben Angst vor ihren Vorgesetzten, weil sie ihnen ihre Arbeit nehmen können und damit ihren Lebenssinn. Und sie haben Angst vor der Angst, weil sie ihre Gegenwart ständig spüren und nicht wissen, wie sie sich ihrer entledigen können. Sie sind Angstmenschen und solange sie leben, werden sie von ihr gejagt und getrieben werden. Doch ihr, meine Brüder, ihr seid keine Angstmenschen, denn ihr fürchtet den Tod nicht, da ihr wisst, wer er ist, und dass er euch nichts nehmen kann. Ihr liebt den Krieg als die große Gelegenheit zu offenbaren, was ihr könnt, und um Ruhm und Ehre zu gewinnen. Ihr kennt keine Angst vor dem Nichts, denn alles Sein ist durchwirkt von dem ewigen Schaffensgeist, den ihr in euch spürt. Ihr kennt keine Angst vor Krankheiten, denn was könnten sie euch nehmen als euren Leib allein, der ohnehin vergänglich ist. Ihr lebt im Einklang mit der Natur, in der Krankheit stets eine seltene Verirrung ist. Ihr kennt auch keine Angst vor euren Vorgesetzten, denn euer Volk verbindet eine große Liebe und ein gemeinsames Sehnen. Euer Vorgesetzter ist der vom Schicksal auserwählte Beste, der damit auch euch verhilft, zu höheren Menschen zu werden. Ihr seid keine Angstmenschen, eure Angst ist euer Schutzschild, welches euch vor Gefahren warnt. Ihr seid keine Getriebenen, ihr seid Schaffende. Ihr seid der Sturm des Baumes. Auch vor euch werden die Überflüssigen Angst empfinden und diese Angst soll ihnen auch nicht genommen werden, denn diese Angst ist ihre einzige aus gutem Grunde. Meine Brüder, seid Angstschürer und macht eure Herzen hart für den großen Krieg, in dem die Menschheit ihren großen Scheideweg geht."

*

„Die Überflüssigen kennen keine Liebe, denn sie hängen mit ganzer Seele an ihrem Leibe. Dieser ist ihr einziger Gott und ihm gilt ihre große Liebe. Doch was ist er für ein Gott, da er doch vergänglich ist? Aber die Liebe ist ihrem Wesen nach unsterblich, denn sie entspringt der Seelenkraft und wer sie in sich trägt, erkennt seines Leibes Nachrangigkeit. Liebe wirkt immer im Unendlichen, doch davon wissen sie nichts, denn ihre Liebe ist so vergänglich wie ihre Leiber. Und wie kraftlos und voller Lüge ist ihre Liebe. Sie sagen, sie lieben ihre Kinder, doch sie über-lassen ihnen eine Welt voll von Krankheit und Zerstörung. Sie sagen, sie lieben ihren Glauben, doch sie dienen Mammon und machen sich zu seinem Sklaven. Sie sagen, sie lieben sich selbst, doch sie lassen sich jagen und leben ein Sklavenleben. Sie sagen, sie lieben die Erde, doch sie vernichten sie und machen sie zu einem Müllberg. Sie sagen, sie lieben die Menschen, doch sie vernichten einander in Gier und bringen einander Elend und Krankheit. Sie kennen keine Liebe, denn sie hängen mit aller Macht an ihrem Leibe und seinen Verirrungen. Doch ihr meine Brüder, ihr kennt die Macht der Liebe und tragt sie in euch. Ihr liebt eure Kinder und deshalb wollt ihr sie stark in einer prachtvollen Welt wissen, wenn ihr sie eines Tages verlassen müsst. Ihr liebt euren Glauben und dient nur ihm allein, als euren großen Lebenssinn, ohne den ihr nichts seid. Ihr liebt euch selbst, als die Vollstrecker eines großen Willens. Doch eure Liebe hängt dem Unendlichen an, das alles End-liche geschaffen hat. Und so liebt ihr auch euren Leib, als eine Schöpfung des Unendlichen. Ihr liebt die Erde als die prachtvollste Formenwelt des Universums, in der das Leben Gestalt angenommen hat. Ihr erkennt und achtet ihre Gesetze und werdet ihre Würde niemals verletzen. Ihr liebt nicht den Menschen, der sich zum Tier und Sklaven macht, ihr liebt den Menschen, der sich selbst zu überwinden trachtet und sein Leben für den Menschenfürsten zu geben bereit ist. Ihr liebt nicht die Überflüssigen, die schon tot waren, als sie geboren wurden und die sich an jeden Mitmenschen klammern, damit sie nicht allein ihr jammervolles Schicksal erleiden müssen. Diese verachtet ihr und Ekel kommt in euch auf, wenn ihr ihrer gewahr werdet. Ihr liebt die höheren Menschen, die des Menschen Ursprung und seine Bestimmung erkannt haben: den Menschenfürsten."

*

„Diese Überflüssigen, sie verachten das Leben, weil sie zu schwach dafür sind. Sie wollen belohnt werden, weil sie die Bürde des Lebens auf sich genommen haben. Sie wollen betäubt werden, damit sie den Schmerz des Lebens nicht ertragen müssen. Diese Unwürdigen, sie überschwemmen die Erde wie Parasiten und trachten danach, sie zu vernichten. Sie verpesten die Luft und erfüllen sie mit Krankheit. Sie werfen ihren Abfall ins Meer und ersticken dort das Leben. Sie vergiften die Erde und bringen ihr Krankheit und Tod. Sie töten alles Leben, vernichten und rotten es aus, weil sie es so wie in sich selbst überall verachten, weil sie das Leben hassen, werden sie zu Vernichter des Lebens. Sie haben aus der Erde einen Tiergarten gemacht, indem sie selbst von den Wärtern des Geldes gehalten werden. Ihr Wille ist gebrochen und sie kennen nur noch den Willen des Geldes. Doch ihr, meine Brüder, ihr seid keine Diener des Geldes. Ihr liebt das Leben aus vollem Herzen und wollt euch seiner würdig erweisen. Deshalb liebt ihr auch die Gefahr und fürchtet nicht den Tod. Was kann euch der Tod nehmen? Einzig den Leib. Doch wie viel gibt er euch? Er führt euch zu eurem Ursprung zurück. Er lässt euch wieder eins werden mit der unendlicheinigen Urkraft. Er gibt euch euer Allwissen zurück. Er ist kein Räuber, sondern ein Schenkender. Er nimmt nicht, er gibt. Deshalb fürchtet ihr ihn auch nicht, sondern seht in ihm die Stunde der Heimkehr und umarmt ihn. Denn ihr seid Reisende und werdet es immer sein. Aber die Überflüssigen fürchten den Tod, denn sie sehen in ihm das Ende ihres Seins. Deshalb wollen sie ihn auch vernichten, so wie sie das Leben zu vernichten trachten. So wie sie nicht zu leben wissen, wissen sie auch nicht zu sterben - diese Unfähigen. Sie machen aus dem Menschen ein Schaf und wollen dieses Schaf auch noch unsterblich. Wer könnte ein solches Tier ertragen? Es ginge an seiner eigenen Sinnlosigkeit zugrunde. Hybris ist alles, was sie tun, und alles, was sie im Herzen begehren. Hybris ist ihre große Krankheit und "Hybris" werden wir in ihre Grabsteine meißeln. Doch ihr, meine Brüder, liebt das Leben als das große Abenteuer und wollt es so lang, so tief und so ergiebig wie irgend möglich, doch wenn dieses Abenteuer endet, trauert ihr nicht, denn ihr wisst, dass ihr noch viele erleben werdet. Ihr liebt das Leben und ihr lebt das Leben und ihr nehmt seinen Schmerz an als den großen Prüfstein der Würdigkeit. Ihr seid seiner würdig und so gebt ihr ihm auch zurück, wie er euch gegeben hat. Eure Duldung des Schmerzes ist euer Geschenk an das Leben. Was könntet ihr ihm Größeres geben, meine Brüder? Seid also Gebende, wie ihr Nehmende seid, denn wer nur nimmt, vernichtet am Ende sich selbst."

*

„Meine Brüder, werdet zu Raubtieren und erfahret, was leben heißt. Was ist dem Schaf das Leben? Auf der Weide zu stehen und sein Futter zu erhalten. Mehr wird es vom Leben nimmer erwarten. Doch ein Raubtier spürt das Leben in sich mit allen Tiefen und Höhen. Ein Raubtier schöpft alle Möglichkeiten der Lebensintensität aus. Nur ein Raubtier kennt das Leben wirklich, denn nur ein Raubtier strebt nach dem Höchsten in der Formenwelt. Welches Raubtier ist das höchste Raubtier? Das Raubtier mit Geist. Das seid ihr meine Brüder und so ist es eure Bestimmung, euch die Erde zu unterwerfen. Nicht die Schafe sind eure größte Gefahr und euer größtes Hindernis, sondern die Schäfer. Sie haben aus den Raubtieren Schafe gemacht und so tun sie es immer noch. Eure Feinde sind die Wärter des großen Tiergartens, die den Menschen hinter Gittern halten. Euer Feind ist die Macht des Geldes, die die Schäfer und Wärter in ihren Bann hält. Zerschlagt die Macht des Geldes und geht wie ein Sturm über die Schäfer und Wärter, damit sie zugrunde gehen mögen. Werdet zu Raubtieren und befreit den Menschen von seiner abscheulichsten Geißel. Werdet zu Raubtieren und erfahrt, was leben heißt. Werdet zu Raubtieren und reinigt die Erde von ihrem ärgsten Peiniger. Werdet zu Raubtieren und gebt der Erde ihren Sinn zurück. Werdet zu Raubtieren und erhöht euch selbst zu Schaffenden des Menschenfürsten."

*

„Der Mensch ist nicht zum Schaf geworden, weil ihn ein mächtiger Herrscher zu diesem gemacht hätte. Der Mensch ist kein Schaf, weil er überwunden worden ist, sondern weil er erkrankt ist. Woran ist er erkrankt? Er ist erkrankt an der Krankheit der Gier. Als der Mensch an diesem Leiden erkrankt ist, konnten die Wärter und Schäfer ihn zum Schaf machen, indem sie ihm das gaben, wonach seine Krankheit sich verzehrte. So ist der Mensch zum Schaf geworden und als Schaf gibt er seine Krankheit an seine Kinder weiter. So ist er zum willfährigen Werkzeug der Schäfer und Wärter geworden. Nichts sieht er, außer die Befriedigung seiner Gier. Nichts hört er, außer den süßen Klang des Geldes. Nichts fühlt er, außer das Sehnen nach Wohlstand. Wie kann man den Menschen von dieser Krankheit heilen? Es gibt nur einen Weg, um diese Krankheit auszumerzen. Ihr, meine Brüder, seid dieser Weg. Ihr, die ihr nicht an dieser Krankheit leidet. Ihr, die ihr nicht zu Schafen geworden seid. Ihr, die ihr an den Menschen und seine Bestimmung glaubt. Ihr, die ihr die höheren Menschen seid. Ihr müsst euch finden und gemeinsam ein neues Volk gründen. Ein Volk, das gesund ist und nicht gekauft werden kann. Ein Volk, das der Glaube an die ewigeinige Urkraft vereint. Ein Volk, das frei ist und nicht im Tiergarten der Erde gehalten werden kann. Ihr, meine Brüder, seid die Gründer dieses Volkes. Sucht eure Brüder und Schwestern, verlasst eure Häuser und werdet zu einem Volk. Ihr seid der Sturm des Baumes und ihr werdet das Volk der Zukunft sein, denn ihr sucht den großen Krieg, der unweigerlich kommen wird. Der Krieg gegen den Vernichter der Erde. Der Krieg gegen den Sklavenhalter des Menschen. Der Krieg des Lebens gegen den Tod. Ihr sucht nicht die Weide, um auf ihr zu fressen, sondern um auf ihr zu kämpfen. Ihr seid ein Volk von Kriegern und deshalb wird der Krieg euch erheben. Der Krieg wird euch zu Helden machen und zu Schaffenden eines neuen Menschen. Eines Menschen, der den zum Schaf gewordenen Menschen, die Schäfer und die Wärter des Geldes unter sich weiß. Eines Menschen, der die Erde mit seinen Geschöpfen liebt und sich ihrer würdig erweist. Eines Menschen, der die Erde als Raubtier und nicht als ihr Vernichter beherrscht. Eines Menschen, aus dessen Volk dereinst der Menschenfürst und der Herrscher über alle Völker hervorgehen wird.

*

„Doch welche Gesetze brauchen wir dazu? Nun merkt wohl auf, meine Brüder, denn jetzt rede ich euch von den sieben Geboten:

*

Euer erstes Gebot soll es sein, eure alten Götzen auszumerzen. Einst dienten sie euch, um euch zu Stärke und Ruhm zu verhelfen. Doch was sind sie heute? Steine, gekettet am Fuße eines Ertrinkenden. Der Wind, der den Läufer zum Erlahmen bringt. Der Stein des Sysiphus, der ihn immer wieder in den Abgrund zwingt. Schüttelt sie ab, denn sie sind längst tot. Sie haften an euch wie Ballast. Werft sie in die Tiefe, damit sie nie wieder aufkommen mögen.

*

Euer zweites Gebot soll es sein, euch einen neuen Glauben zu schaffen. Folgt dem Buche der Weisheit und labt euch an seinem süßen Klange. Es wird euren Geist und euren Körper heilen und euch den höheren Sinn des Daseins zeigen. Es gibt eurem Leben einen neuen Sinn und euch neue Kraft. Es führt euch aus Verzweiflung und Sinnlosigkeit zu neuem Leben. Erkennt die Weisheit dieser Lehre und lasst sie in eure Herzen und euren Geist, damit sie dort Wurzel schlagen möge. Erkennt die Weisheit dieser Lehre und gebt sie euren Kindern weiter, damit sie auch in ihren Kindern Wurzeln schlage.

*

Euer drittes Gebot soll es sein, alles Fremde abzuschütteln. Verbannt es aus euren Herzen, verbannt es aus euren Gemeinschaften, verbannt es aus eurer Mitte. Denn es vergiftet eure Herzen und verwirrt euren Geist. Wie solltet ihr zu euch finden, wenn tausend Untiere an euch zerren und euch in alle Richtungen zwingen? Lasst jedem Volk seinen Glauben, seine Sprache und seinen Sinn vom Leben, doch bewahrt euch euren Glauben und hütet euch vor Zwietracht.

*

Euer viertes Gebot soll es sein, dem Gelde und den Geldherrschern ihren alten Platz zurückzugeben. Was sind sie anderes als Diener eines Volkes. Doch wie haben sie sich überhöht. Sie wähnen gar selbst Herrscher zu sein und sind doch so schwach im Geiste. Wie könnten sie jemals herrschen? Kann ein Sklave einem König gebieten? Oder ließe sich ein Löwe von einer Hyäne bezwingen? So wird auch der neue Fürst diese Diener unter sich halten, damit sie ihm zu Willen sind. Denn sie sind keine Fürsten und nicht zum Herrschen bestimmt.

*

Euer fünftes Gebot soll es sein, der Natur und dem Getier mit Ehrfurcht zu begegnen. Die Natur ist die Mutter allen Lebens und ohne sie findest du keinen Ort, um dich niederzulassen. Wer ist so töricht, dass er sein Haus zerstörte, welches ihm Schutz vor Unbill bietet? Wer wird aus dem kühlen Schatten eines Baumes treten, um sich schutzlos der glühenden Sonne auszuliefern? Wer wird sein Schild senken, wenn tödliche Schwerthiebe ihn bedrohen? Doch die Natur, die uns Schutz bietet und uns ernährt, betrachten sie mit Geringschätzung und entweihen ihre Majestät. Sie beuten sie aus und sehen in ihr nur eine Quelle, aus der sie rauben und stehlen können. Diese Unwürdigen. Sie sind blind und von Gier zerfressen. Lasst sie uns vernichten und unser Knie in Demut vor der Mutter Natur beugen.

*

Euer sechstes Gebot soll es sein, euer Volk zu lieben. Liebt eure Mütter, liebt eure Väter und liebt eure Kinder. Bei allem was ihr tut, habt ihr Wohl im Sinn und stellt es über euch selbst. Denn was seid ihr mehr als ein Stein eines Gebäudes? Bricht er heraus, so ist er sinnlos geworden und taugt zu nichts mehr. Doch das Haus hat einen Riss erhalten und droht einzustürzen. So seid also standhaft und liebt euer Volk.

*

Euer siebentes Gebot soll es sein, wieder Schaffende zu sein. Der Schaffende ist der Krieger, denn er zerstört und unterwirft, um neu zu schaffen. Der Krieg ist der Vater aller Dinge. Wer vor dem Kriege flieht, ist wie ein Mann, der keine Kinder zeugen möchte. Er hat keine Zukunft und am besten wäre es, wenn er nie geboren worden wäre. Seid also Schaffende und eurer Vorfahren eingedenk. Sie haben einst ihrem Volke zu Größe und Macht verholfen. So folgt ihrem Beispiele und seid Schaffende."

Der Tod des Ignatius
*

Die Sonne erhob sich und erweckte mit ihren Strahlen alles Leben auf der Erde. Da erhob auch Ignatius ein letztes Mal seine alten Glieder und schaute die erwachende Natur. Und seine Augen konnten sich nicht satt sehen daran, unergründlich wie das Meer schien ihm ihre Schönheit und alles, was das Leben groß macht, fand er darin. Nichts hätte er dieser Schönheit nehmen oder geben können, vollkommen war sie und ohne Makel. „Sie ist der große Lehrmeister des Lebens und kein Mensch kann sich ihren Gesetzen ungestraft entziehen. So bin auch ich stets ihr Schüler gewesen und alles, was mir gegeben, verdanke ich ihr allein", dachte er in seinem Herzen und war von Ehrfurcht und Dankbarkeit erfüllt. Und er rief seine Brüder aus dem Schlafe, um mit ihnen gemeinsam seine letzte Mahlzeit einzunehmen. Und als sie zusammen am Tisch saßen, erhob sich Ignatius und sprach: „Meine Brüder, ein letztes Mal rede ich zu euch, denn heute ist der Tag unserer Trennung. Sieben Winter und sieben Sommer haben wir gemeinsam verbracht und alles was ich besaß, habe ich euch gegeben. Ihr seid meine einzigen Erben und alles, was ich von euch erbitte, ist, den euch gegebenen Reichtum in die Welt zu tragen und mit ihm ein neues Volk zu gründen. Das ist mein Vermächtnis und euer Erbe. Bewahrt meine Lehre im Herzen und seid entschlossenen Geistes, so werdet ihr, wie ihr selbst zu neuen Menschen wurdet, ein neues Volk zum Leben erwecken. Geht also zu den Menschen, nehmt euch Frauen und zeugt Kinder und lasst sie teilhaben an meiner Lehre, auf dass auch ihre Kinder und ihre Kindeskinder diese Lehre annehmen. Lasst Worte zu Leben werden und Gedanken zur Tat. Dies soll die Geburtsstunde einer großen Tat werden." Da begannen die Brüder zu weinen und Tränen flossen in ihre Bärte. Und sie gingen zu ihrem Meister, umarmten ihn, küssten seine Hände und knieten vor ihm nieder, auf dass er ihnen seinen Segen gebe. Und er legte seine Hände auf eines jeden Haupt und sprach die Worte „Möge der große Geist in dir walten und du seinen Willen erfüllen. Möge dein Geist eins werden mit dem Geiste der ewigeinigen Urkraft. Mögest du getragen werden von der Liebe zu deinem Volke und zu deiner Familie. Möge deine Kraft und dein Hass groß sein gegen alles, was sie bedroht. Möge deine Macht größer sein als die deiner Feinde. Allmächtiger Schaffensgeist sei mit ihm, auf dass seine Seele Ruhm und Ehre erlange hier auf Erden und wenn sie dereinst zu ihrem Ursprung zurückkehrt." Und als er diesen Segen einem jeden zugesprochen hatte, nahmen sie Abschied voneinander und Ignatius umarmte jeden seiner Brüder und ermahnte sie: „Gedenkt meiner Lehre und tragt sie in euren Herzen. Seid voller Willenskraft und beugt euch niemandem. Legt euren Samen tief in die Erde, auf dass eure Kindeskinder eine reiche Ernte einholen werden. Verschenkt euch an euer Volk, so wie ich mich an euch verschenkt habe. Und so werde ich voll Freude und Zuversicht in den Hort aller Seelen zurückkehren und euch voller Stolz dort erwarten." So verließen die sechs Brüder ihren Meister, nichts als ihre Kleider und einem Bündel mit ihren Habseligkeiten bei sich tragend. Zu einer Bruderschaft gewachsen, zogen sie aus, um zu einem Volke zu werden. Sie wendeten ihre Blicke noch einmal zu ihrem Meister. Trauer und Wehmut lag in ihnen, doch auch Willenskraft und Entschlossenheit. Fort von ihrem Meister drängte sie der Wille, nun endlich ihre Lehre Tat werden zu lassen. Und so verließen sie ihren Meister wie des Adlers Jungen ihr Nest, mit Angst, doch auch mit Lust sich in die Tiefe werfend.

*

Und Ignatius konnte seinen Blick nicht von seinen Brüdern abwenden. Seine müden und mit Tränen erfüllten Augen spähten noch sehr lange nach dem, wonach seines Herzens Sehnsucht verlangte. Doch schließlich gebot er seinem Herzen Einhalt und ließ sich auf einem Baumstumpf nieder, um seinen Geist für seinen letzten Gang zu sammeln. Die Trauer um seine fortgegangenen Brüder wich in seinem Herzen einem übermächtigen Frohsinn. Einem Frohsinn, nun endlich des Leibes Bürde abwerfen zu dürfen. Einem Frohsinn, nun endlich in die Unendlichkeit zurückzukehren. Einem Frohsinn, nun endlich jeglichen Gegensatz in sich aufheben zu können. Und so erhob er sich und ging seinen Wanderweg, den er schon so oft gegangen war. Einer inneren Stimme gehorchend, langsam und ohne Kraft ging er seines Weges und immer wieder war er genötigt, seinen müden Gliedern Ruhe zu geben. Doch schließlich erreichte er den Schicksalsbaum. Da kniete er vor ihm nieder und umarmte ihn, denn er spürte in sich eine unendliche Liebe zu diesem Baum. Und als schon alles in ihm eine große Entschlossenheit geworden war, da hörte er plötzlich in seiner

Nähe ein Rascheln des Laubes. Und er wendete sein Antlitz dorthin und erblickte in freudiger Überraschung den Fuchs, den er so lange nicht gesehen hatte. Da sprach er zu ihm: „Du kommst zur rechten Stunde, mein Freund, und nicht ohne Lohn soll deine Mühe gewesen sein. Rühmen wird man dich, dass du als Letzter Ignatius von Manresa in all seiner Größe gesehen haben wirst." Da füllten sich des Fuchses Augen mit Tränen und er sprach zu Ignatius: „Wie sollte das mir Lohn sein? Jeden Morgen bin ich zu deiner Höhle gekommen vom Wunsche getrieben, dich dort wiederzusehen. Doch vergebens, du bist nicht zurückgekehrt. Und nun, da ich dich endlich gefunden, willst du für immer fortgehen? Dies ist kein Lohn, sondern eine Strafe." „Du bist das schlaueste Tier im Erdenreich und dennoch erkennst du nicht des Schicksals Macht in diesem Tun? So wie der Adler auserkoren ward, von dem neuen Volke zu künden und diese Botschaft in die Welt zu tragen, so bist du auserkoren, von meinem Tode Zeugnis abzulegen. Du allein wirst sehen, was niemandem sonst gegeben. Sei nicht traurig mein Freund, schaue es mit freudigen Herzen. Eile sodann zu unserem Freund, dem Adler, und berichte ihm davon. Gemeinsam sollt ihr meiner Botschaft Verkünder und meiner Brüder Helfer sein. Sucht sie auf und stärkt sie mit eurem Rat, denn sie sind jung und gerne gehorcht die Jugend den Verlockungen der großen Welt. So gehab dich wohl mein Freund: In der Ewigkeit werden wir uns wiedersehen." Und so ließ sich Ignatius im Inneren des Baumes nieder und fiel in einen tiefen Schlaf. Und als er eben eingeschlafen war, schlug plötzlich ein Blitz in diesen ein. Lichterloh brannte der Baum und in ihm der alte Mann. Der Fuchs, der all das sah, wollte fliehen, da er sich vor dem Feuer fürchtete. Doch dann sah er, dass das Feuer nicht auf die anderen Bäume überging und harrte aus, um seinem Freunde das letzte Geleit zu geben. Tränen liefen aus seinen Augen, als er sah, wie die Macht des Feuers den Baum vernichtete. Und als er erkannte, dass sein Freund nicht mehr unter den Lebenden weilen konnte, rief er wie in einem Traume seiner forteilenden Seele nach:

„Möge die Erde deinen Leib annehmen
Und deine Seele ihre Heimat finden.
Möge sie in das Unendliche streben
Und sich an den Schaffensgeist binden"

Asche ward der Baum und dort, wo er stand, blieb einzig verbrannte Erde. Da legte sich der Fuchs auf die tote Erde und weinte bitterlich. Doch plötzlich spürte er unter sich eine leichte Bewegung und schreckte auf. Da sah er einen winzigen Sprössling aus der Erde emporwachsen und sein Herz begann zu frohlocken. Voller Freude sprang er um den Sprössling herum und er spürte in sich eine unbändige Kraft. „Ja, unzerstörbar wie dieser Baum ist auch die Kraft des Lebens, die uns allen gegeben ist." sprach der Fuchs, als er seinen Freund, den Adler, hoch am Himmel erblickte.

Inhaltsverzeichnis

FSC
www.fsc.org
MIX
Papier | Fördert
gute Waldnutzung
FSC® C083411

Zeitfracht Medien GmbH
Ferdinand-Jühlke-Straße 7
99095 Erfurt, Deutschland
produktsicherheit@kolibri360.de